本书是国家自然科学基金项目"中国上市公司财务指数编制的理论、模型及应用"（批准号：71102180,主持人：黎春）的阶段性成果；

中央高校基本科研业务费专项资金资助（项目编号：JBK120810）

（ Supported by the Foundamental Research Funds of the Centrol Universities)。

中国上市公司财务指数研究

ZHONGGUO SHANGSHI GONGSI
CAIWU ZHISHU YANJIU

黎 春／著

 西南财经大学出版社

图书在版编目(CIP)数据

中国上市公司财务指数研究/黎春著. —成都:西南财经大学出版社,2014. 12

ISBN 978 – 7 – 5504 – 1620 – 8

I. ①中… Ⅱ. ①黎… Ⅲ. ①上市公司—财务管理—研究—中国 Ⅳ. ①F279. 246

中国版本图书馆 CIP 数据核字(2014)第 241591 号

中国上市公司财务指数研究

黎 春 著

责任编辑:汪涌波
助理编辑:高小田
封面设计:墨创文化
责任印制:封俊川

出版发行	西南财经大学出版社(四川省成都市光华村街55号)
网 址	http://www.bookcj.com
电子邮件	bookcj@foxmail.com
邮政编码	610074
电 话	028 – 87353785　87352368
照 排	四川胜翔数码印务设计有限公司
印 刷	郫县犀浦印刷厂
成品尺寸	148mm×210mm
印 张	8
字 数	200 千字
版 次	2014 年 12 月第 1 版
印 次	2014 年 12 月第 1 次印刷
书 号	ISBN 978 – 7 – 5504 – 1620 – 8
定 价	48. 00 元

代　序

以新思维拓展财务信息应用新路径

（一）

在现代市场经济中，财务信息备受关注。在财务研究领域，财务分析理论可谓相当成熟，财务评价体系也很多。但这些评价体系具有两个明显缺陷，一是针对单个企业进行评价，宏观的综合性评价不够；二是针对某一时点进行评价，连续的期间性评价不够。基于这些缺陷，并受股价指数、物价指数编制原理的启发，我们萌发了以财务指标为基础编制"中国上市公司财务指数"的理论构想。

这个构想始于 1995 年郭复初教授上课讨论时我的一次专题发言。1998 年，我在博士学位论文《财务经济行为与效率分析》中对此进行了专章讨论。围绕这个构想，我在《财务与会计》上发表了两篇论文。一篇是"论会计目标理论的重新构建—— 一种融合理论及其应用"（1997），论文提出"将会计信息从信息生成拓展到信息利用"的基本观点，为财务指数的编制提供了新思维；另一篇是"我国宏观财务经济监测与预警问题研究"（2000），这篇文章提出了以财务指数的形式进行财务综合评价和财务经济监测与预警的新路径。

（二）

财务指数是财务信息的高度浓缩，具有不同时间、不同空间、不同指标形态等多维特征。在内容上，它是财务运行状态的景气反应；在形式上，它是统计学上动态指数的构造。我们的目标是，通过编制上市公司财务指数，反映上市公司综合和分类财务运行状况，进行宏观财务监测和预警，并与宏观经济景气指数、证券市场指数有机衔接应用。财务指数的编制建立在宏观经济景气理论和微观财务分析理论的基础上，从本质上看，财务指数是景气指数方法在财务分析中的拓展应用。

财务指数编制与发布的基本思路是：首先，合理选择并建立一套财务评价指标，这些指标必须反映上市公司财务特征的主要方面，包括盈利能力、偿债能力、营运能力、现金能力、成长能力等。其次，在选定财务指标的基础上，从信息效用最大化出发，采用恰当的统计分析方法，提炼出这些指标的共性因素，从而得到财务指数。再次，在单个上市公司财务指数的基础上，构建一个反映上市公司整体财务状况的综合财务景气指数。此外，还可编制分行业、分区域、分板块等上市公司系列财务景气指数。最后，在上市公司公布季报、中报和年报后的次日面向社会公开发布。

我们对财务指数提出两种类型的划分。一是综合财务指数与分类财务指数。前者反映上市公司整体财务运行状况，后者反映不同行业、不同地区等上市公司财务运行状况。二是基本财务指数与特定财务行为指数。前者按基本财务指标编制，具有稳定性、普适性的特点；后者按财务指标和非财务指标编制，如再融资行为指数、投资行为指数、并购行为指数等，具有动态性、个体性的特点。

当然，数据基础非常关键。财务指数必须具有如下数据特征：第一，它必须是公开的、可重复收集的；第二，它是建立在统一会计准则基础上的；第三，它是遵循证券市场信息披露规则定期披露出来的。这些特征直接影响财务指数的公信力与持续性。

在指数编制中，我们解决了两大关键技术问题，一是哪些财务指标进入指数系统，二是怎样将财务指标合理进行赋权。目前，我们以沪深上市公司为全样本，针对偿债能力、盈利能力、营运能力、现金能力和成长能力，编制了自 2007 年以来共 28 个季度的中国上市公司财务指数，初步研究了这些指数与宏观经济景气指数、证券市场指数的相关关系，总体效果良好。财务指数的正式发布也在积极筹划之中。

（三）

财务指数无疑具有多种用途，可以用来作为国家制定宏观经济政策的依据、作为企业自我评价的参照、作为资本市场投资者决策的参考，也将成为学术研究的重要数据来源之一。

这项研究的价值更在于：第一，拓展了财务信息的应用层次，实现了从信息生成到信息利用的逻辑延展；第二，拓展财务分析的空间视野，实现了从单个企业财务分析到宏观综合评价的空间跨越；第三，把经济景气财务化，彰显了财务与经济融通研究的独特效应；第四，把复杂问题简单化，实现了从海量数据到指数形态的简约处理，增强了信息的可理解性。

（四）

财务指数的研究过程是艰辛的，凝聚着我们研究团队持久艰苦的共同努力，他们中主要有马永强教授、黎春博士、许娟硕士、杨记军教授等。同时，财务指数的研究也是幸运的，得益于财政部原副部长王军、中国会计学会原会长金莲淑、财政部会计司原司长刘玉廷、财政部会计司司长杨敏、中国会计学会副秘书长周守华等领导及学界诸位同仁的大力支持和帮助。2010 年，中国会计学会在大庆专门召开常务理事会，组织专家对我们这个项目进行了专题论证，给我们以极大的鼓励和鞭策。

黎春博士的《中国上市公司财务指数研究》是我们研究团队取得的一项代表性研究成果，这项成果既是她个人的、也是集体的。为把编制财务指数这个构想变成现实，2005 年，我招收黎春随我攻读博士研究生，从事这项研究工作，并以此为题撰写博士学位论文。黎春博士有着坚实的数理基础和潜心研究的良好学风。在研究团队多次讨论中，她对财务指数的理论框架进行了梳理，对财务指数的编制模型进行了探究，并以沪深 300 指数的样本股为编制样本，对上市公司财务指数进行了预编，对上市公司财务指数的走势特征进行了初步分析，进一步论证了财务指数的信息有效性。这项研究也得到国家自然科学基金的资助。

上市公司财务指数的编制是一个具有重要理论和实践价值的开创性研究领域，涉及问题广泛、复杂问题众多，需要长期持续研究。我相信，该书的出版既是前期研究成果的展示，更是持续研究的新起点。我们期待有更多的学者参与到这项研究中来。

赵海武

2014 年 11 月

内容摘要

　　基于财务信息的重要性，本书提出上市公司财务指数（financial index of listed companies）这一核心概念。这一指数是宏观经济景气理论在微观财务分析中的应用，在内容上有别于现有的各类经济指数，在构造形式上也有别于现存财务分析中的各类财务比率或财务指标。本书始终围绕上市公司财务指数的生成与应用展开研究，具体地说，就是以我国上市公司为研究对象，通过合理选取财务指标、科学赋权，对上市公司的财务信息以恰当的形式进行综合提炼，形成动态化的财务指数，以此综合地、动态地反映我国上市公司整体或分类的财务运行态势。本书还进一步探讨了我国上市公司财务指数的特征与应用问题，深入地揭示了我国上市公司财务运行的总体趋势与规律，同时也验证了财务指数的信息有用性。

　　本书共分为七章，各章主要内容与研究结论如下：

　　第1章，导论。本章首先阐释了上市公司财务指数的研究背景，指出了上市公司财务信息的重要性。本书认为现有关于上市公司财务分析的研究主要集中于微观个体的静态考察，缺乏综合的、动态的研究，同时，宏观经济景气指数系统也缺少对财务经济的反映，由此本章提出了本书的研究目的：构建上市公司财务指数并对其信息进行分析验证。

第 2 章，上市公司财务指数构建的基础理论和基本构想。本章首先讨论了财务指数构建的理论基础：经济景气理论为我们提供了一个宏观理论框架，而财务分析理论是财务指数构建的理论依据，但财务指数的信息更具综合性、动态性、系统性，是传统财务分析的拓展与升华。从这一基本观点出发，本章对财务指数的性质进行了界定：在财务意义上，财务指数具有财务综合评价的性质；在统计意义上，财务指数是具有质量属性的动态指数。进而，本章明确了财务指数的目标、功能与作用：财务指数构建的目标是提供上市公司财务运行的综合性、动态性、系统性的信息供信息使用者使用；财务指数具有客观反映、动态监测、实时预警三大功能；财务指数信息将有利于政府宏观经济政策的制定实施，有利于上市公司进行自我评价，有利于投资者与债权人作出决策，此外，财务指数信息还能为经济学者研究问题提供数据支持。同时，本章还提出了构建财务指数的基本构想，包括财务指数构建的基本假设、财务指数系统的内容结构、财务指数生成的三大基本环节以及本书编制对象的具体说明。

第 3 章，财务指数系统的指标选取。本章对财务指数系统的指标选取作了理论与实证研究。首先，本章评述了已有财务评价研究和财务预警研究中所使用的财务指标体系。然后，本章探讨了财务指标的选取方法。指标选取的方法分为定量和定性两大类，定量方法能确保研究结论的客观性，但会影响指数的稳定性和可比性，也难以保证指标的经济意义；定性方法虽能较好突出指标的经济意义，但结果不可避免地会受到研究者视角与认知的限制。据此，本章提出了财务指数系统的指标选取思路。本章归纳总结了财务指标选取的八项基本原则，建立了财务指标的基本框架，并进行了问卷调查。最后，本章详细分析了问卷调查结果，最终确定了财务指数系统的指标构成，包括偿债能力、营运能力、盈利能力、现金流量能力和成长能力五个方面，共计17个财务指标。

第4章，财务指数系统的指标赋权。本章对财务指数系统的指标权重确定进行了理论与实证研究。本章首先介绍了指标赋权的三种方法——主观赋权法、客观赋权法和组合赋权法，分析比较它们的各自特点与局限，在此基础上提出采用组合赋权法进行财务指数系统的指标赋权的思路。其次，本章根据问卷调查结果，以被调查者对各类别财务能力的赋权的算术平均数，作为类别权重；对每一个财务指标，采用层次分析法，将问卷调查中的重要性得分情况，转换成各指标重要性标度，从而得到了指标的主观权重数据。最后，本章给出了客观权重的确定方法，即因子分析赋权法及其计算过程。

第5章，财务指数编制的方法。本章主要讨论了财务指数编制中的具体方法。首先，财务指数是对多指标信息的汇总，为保证不同财务指标的可共度性，本章给出了指标同向化和无量纲化的各种方法，并对各种方法进行了比较。在此基础上，本章介绍了各种多指标汇总方法及其适用特点，提出适用于财务指数的多指标信息汇总只能采用加法合成形式。另一方面，财务指数还是一类动态指数，因此，本章首先分析比较了各类景气指数，指出合成指数的形式更适用于财务指数的编制，但是不能是对该方法的简单照搬，而需要从更一般的统计指数方法入手构造编制模型。由此，本章比较分析了统计指数编制的四类基本方法，提出只有综合法指数和平均法指数更符合财务指数编制的要求。于是，我们对两种方法就财务指数的编制分别给出了具体的编制模型，对其适用性进行了深入讨论，最终得到财务指数的编制只能采用加权平均法指数形式的重要结论。

第 6 章，上市公司财务指数的生成。本章在以上研究的基础上，最终生成了我国上市公司财务指数。首先，本章明确了本书财务指数编制的样本——沪深 300 指数的样本公司（剔除掉金融类上市公司）。这是基于沪深 300 指数是由沪深 A 股中规模大、流动性好、最具代表性的股票组成，以此作为财务指数的编制样本，其财务信息特征会具有良好的市场全面性、代表性和关注度。根据数据的可获得性，本书编制的财务指数以 2006 年的 4 个季报的财务信息为动态对比的基期，编制从 2007—2009 年第三季度之间共计 11 个样本点的季度财务指数，指数基点定为 100。具体编制中，首先对原始数据进行了同向化调整和异常值剔除。其次，对因子分析过程中的共同度作归一化处理，得到了财务指标的客观权重，再与专家权重结合得到了各指标的最终权重。最后，根据财务指数的编制模型，具体生成了综合财务指数和分类财务指数。

第 7 章，上市公司财务指数的特征分析与应用。本章通过分析财务指数的数据特征与内部相关性，探讨了我国上市公司财务运行轨迹与波动规律；通过考察上市公司财务指数与股票市场相关变量的联系，分析与验证了财务指数的信息含量。具体来说，本章首先分析了财务指标、类别财务指数和综合财务指数三个层面的数据特征，得到了偿债指数、营运指数、盈利指数与成长指数的内部波动特征，而由于盈余现金保障倍数指标的异常波动，导致现金指数与其他类别指数走势出现很大偏差，在剔除掉该指标后的修正财务指数与宏观经济背景存在一定的趋同性，并且还表现出了一定的周期性。本章在第二部分，采用 Person 相关系数、Spearman 相关系数和 Kendall tau 系数分析了各类财务指数之间的相关性，发现偿债指数与现金流量指数存在正相关关系；营运指数、盈利指数与成长指数之间存在正相关关系；而两组变量之间则互为负相关关系，本章也给出了关于这一相关表现的经济解释。本章的第三部分，采用典型相关分析，研究了各类财务指数与股票市场的内部联系，结果显示两者存在显著的相关性，不仅验证了财务指数的有用性，还得到了几点极具启示意义的结论。此外，本章的最后一部分指出了上市公司财务指数的后续研究方向，即"特定财务行为指数"的研究，同时针对本研究的一些局限，总结了四个需要进一步完善的方面。

编制上市公司财务指数是资本市场下财务研究的崭新命题，也是一个具有重要现实意义的研究领域。本书试图在以下方面作出努力：

（1）理论视角的创新。上市公司财务指数的构建是将宏观经济景气理论应用于微观财务分析领域，目前宏观经济景气指数体系广泛涉及产量、成本、商品零售总额、固定资产投资、货币流通、物价水平等方面，但是始终缺少有关财务经济状况的指数，我们编制的财务指数将弥补这一空缺。另一方面，目前财务分析系统集中于微观个体的静态考察，其综合性、动态性较差，本书的研究视角即是从宏观的、动态的角度进行财务分析，是传统财务分析的拓展与升华。

（2）财务指标赋权的创新。本书财务指标权重的确定采用组合赋权法，兼顾了主观赋权法与客观赋权法的优良性又弥补了单一方法的不足。而目前大部分的已有文献中，评价指标体系的建立要么基于纯粹的定性分析，要么完全基于实证结果，而较少将两者有机地统一起来。本书通过问卷调查，获取被调查者对财务指标重要性的认识，得到了财务指标的主观权重；再由经验数据通过因子分析赋权法得到了各指标的客观权重；最后将两类权重进行线性合成得到组合权重。

（3）应用研究模式的创新。在财务指数生成后，本书采用了典型相关分析法，讨论了股票市场的价格、交易量与各类财务指数的关系，这一研究模式在三个方面区别于已有的研究文献：一是改变了以单一上市公司的财务指标，单一股票价格等作为具体研究变量的微观研究模式，而是以上市公司整体的财务信息、整体股票价格和交易量作为研究变量；二是股票市场的研究变量不仅仅是股票价格，还包括股票交易量；三是不是以上市公司某一个财务指标或某一类财务指标为研究变量，而是综合考察上市公司财务能力，包括各类别财务能力。

关键词：财务指数　指标选取　指标赋权　动态指数　特征分析

Abstract

Based on the financial information's importance, this article proposed the financial index of listed companies (FILC) as the core concept. The whole thesis research revolves the production, the analysis and the application of the FILC. Specifically, this study taking the listed companies of China as the object, by choosing and weighting the financial indicators reasonably, sets up a dynamic financial index system, in order to reflect the financial operation status of the overall listed companies. The financial index of listed companies, based on the macro − economy theory and the micro − financial analysis theory, is a dynamic indicator by using a variety of statistical methods. It not only provides the useful information for all users of the listed companies' financial information, but also has enriched and developed the micro − financial analysis theory.

The paper consists of seven chapters, the specific content of each chapter as follows:

Chapter Ⅰ, Introduction

Firstly, this chapter analyzes the research background of FILC, pointing the great significance of FILC. As a result, this chapter gives the research purpose of FILC, and explains the train of thought accordingly, as well as the basic theories and methods. Secondly, from the general point the article describes the paper structure. Finally, this chapter summarizes the innovations and the insufficiencies of the entire study.

Chapter Ⅱ, The Basic Theories and Idea of FILC

This part discusses the theoretical foundation: the macro - economy theory and the micro - financial analysis theory. From the basic point, this article describes the characters, goal, functions and roles. Next, it analyses a series of basic conceptions of FILC. The research hypothesis is that the accounting information of listed companies is true and reliable. Based on different perspectives, FILC has a variety of types, including the synthesis financial index, region financial index, industry financial index, sample financial index and so on. The basic process of generating the FILC includes three links. In addition, this chapter points out the need to make a distinction between financial companies and non - financial companies, because of the special nature of the financial industry. Due to the author limited abilities, as well as a more general view, this paper temporarily take non - finance companies as the object.

Chapter Ⅲ, The Indicators Selection of FILC System

This part researches the indicators selection of FILC. First of all, this chapter reviews the financial indicators system of the financial research area. Secondly, from the methodological point of view, this chapter discusses the indicators selection methods, which mainly divided into two major categories of quantitative and qualitative methods, and each method has its own advantages and disadvantages. Based on the above analysis, this chapter proposed the specific ideas of indicator selection. This part summarizes eight principles for the choosing financial indicators, thus it establishes the basic framework of financial indicators. Base financial indicators framework, there is a special activity entitled "The Questionnaire About the construction of Listed Companies' Financial Indicators System" in this article. According to the survey results, this chapter sets up a system of listed companies financial indicators, including the repay debt ability, operating ability, profit ability, cash flow ability and growth ability, for a total of 17 indicators.

Chapter Ⅳ, The Indicators Weighting of FILC System

This part researches the indicators weighting of FILC. Firstly, this chapter introduces the indicators weighting methods, which also can be divided into two types of subjective weighting and objective weighting, and each method has its own advantages and disadvantages. Therefore, the FILC indicators' weights are the combination of subjective weights and objective weights. Base on the results of questionnaire, this chapter takes the arithmetic mean value of the survey as the categories weights, and by use of the Analytic Hierarchy Process, the article changes the importance scores to the expert weights of the financial indicators as the subjective weights. Besides, this part describes the means of objective weighting, namely factor analysis weighting.

Chapter Ⅴ, The Compiling Method of FILC

In this chapter, it analyzes the methods of the process of FILC establishment detailed. As FILC is a summary of multi - indicators information, the article introduces the various multi - indicators aggregation methods, and the characteristics of these methods. Then, it points out that the addition synthesis is the only suitable method for FILC. On the other hand, FILC is a kind of dynamic index. Therefore, this paper considers that the establishment formula of FILC should be obtained from the general statistical index method, based on the analysis and comparison of various types of business indices. As a result, this chapter compares the four basic methods of statistical index, pointing out that only the weighted average index method meet the requirement of FILC.

Chapter Ⅵ, The Generation of FILC

First of all, this chapter chooses the sample companies of Shanghai and Shenzhen 300 Index (excluding financial listed companies) as the sample of FILC. Since the Shanghai and Shenzhen 300 Index has a good market representation, the information characteristics of FILC would have the good market all sidedness, representation and attention. According to the data availability, the four quarterly financial reports' information in 2006 is the base of the dynamic comparison. This chapter establishes FILC from 2007 to 2009, a total 11 quarterly financial indices, and the basic point is one hundred. Next, the article acquires the final weights of the financial indicators, which are combination of the expert weights and the objective weights. The structure of the final weights enables the financial index not only to have a good mathematical property, but also to be more effective. Finally, under the instruction of the FILC compiling formula, this chapter has completed the generation of FILC, besides the categories indices.

Chapter Ⅶ, The Analysis and Application of FILC

This chapter firstly analyzes the Characteristics and trends of financial indicators, categories financial indices and FILC. In the second part of this chapter, it analyzes the correlations between these financial indices, using Person correlation, Spearman correlation and Kendall tau correlation, and finds that there is a significant positive correlation between repay debt index and cash flow index, and a significant positive correlation between operating index, profit index and growth index, while the two variables are negatively correlated with each other. The article also gives the economic interpretation for the correlations. The third part of this chapter studies the internal links between the various types of financial indices and the stock market, using canonical correlation analysis. The results demonstrate there is a significant correlation, which not only confirms the financial index validity, but also obtains a few enlightenment conclusions. Finally, the paper points out the following research directions of FILC, namely "specific behavior financial index". Then, for the limitations of the present paper research, this chapter also summarizes four aspects need to improve in the future.

This paper establishes the FILC in China, which is unprecedented in existing research, and this is the biggest innovation of this article. Specifically, the innovation can be summarized the following aspects:

(1) The innovation of theory application. This article applies the micro－financial analysis in the macro－economy. At present, the financial analysis system is limited in the micro individual, and its comprehensive and systematic characteristics are very poor. This study analyzes the financial status from the macro and overall perspective.

(2) The innovation of indicators weighting. The financial

Abstract

indicator weights are the combination of subjective weights and objective weights, which gains the both virtues and makes up the sole method insufficiency. The previous researches of evaluation system, based on pure qualitative analysis or pure empirical analysis, while rarely unites them together.

(3) The innovation of application research mode. This paper discusses the relationship between the stock prices, trading volumes with FILC, by canonical correlation analysis, and obtains the effective conclusions. This research mode breaks through in the three aspects: first, breaks from the micro angle of view that take sole listed company as the sample; second, stock market's variables are no longer limited to stock price, including stock turnover; third, the research variables are no longer a certain financial indicator or a kind of financial indicators, but is the comprehensive survey for the financial abilities of the listed companies.

Key words: **Financial index**, **Indicators selection**, **Indicators weighting**, **Dynamic index**, **Feature analysis**, **Correlation analysis**

目 录

1

导　论

1.1　研究背景与目的

1.1.1　研究背景

对上市公司财务状况进行分析评价，历来是证券投资理论与实践的一个重要方面，特别是在我国证券市场规模日益壮大的今天，尤显重要。

自 1990 年 12 月上海证券交易所成立，我国的证券市场在国民经济快速增长的背景下，得以蓬勃发展。截至 2010 年 1 月 29 日，我国上市公司数量（A、B 股）由最初的 8 家发展为1 754 家，市值高达 226 361.62 亿元①。投资对象的极大丰富，以及投资渠道和投资方向的多样化，无论是股票持有者还是潜在的投资者，以及相关债权人、内部管理人员等，都需要从各个角度对上市公司的财务状况和经营成果进行综合考量，以作为其投资或经营管理决策的依据。另一方面，上市公司的财务报表信息是公司财务状况最直接的反映，这也是目前外界投资者、债权人等可以获得的关于上市公司经营绩效最可靠、最稳定的资讯，因此对上市公司经营状况的考察必然要建立在财务分析的基础之上。因此，财务分析历来也被视作是评价一个公司财务和经济状况，以及用以确定公司财务决策的最适当的途径②。

从宏观的层面看，上市公司是证券市场的基石，市场的稳定发展归根结底要以上市公司的经营状况为依托，良好的业绩

---

① 数据来源于中国证券监督管理委员会网站的统计数据，http://www.csrc.gov.cn/pub/newsite/sjtj/。

② Noelia Romero Castro, Juan Piñeiro Chousa , "An integrated framework for the financial analysis of sustainability", Business Strategy and the Environment. Sep/Oct 2006. Vol. 15, Iss. 5; pg. 322

表现能给市场投资者带来丰富收益的回报，股票价值提升，市场交易活跃，从而也才能最终保障并促进整个证券市场的良好运行。可见，上市公司的财务状况不仅对微观投资者，而且对整个证券市场都具有重要意义。

由于财务信息的重要性，学术界利用财务报表信息进行财务分析的研究已较丰富，但归纳起来主要集中于两个领域——公司财务评价以及公司财务预警。而本书将站在更为宏观的角度，在经济景气理论与财务分析理论的指导下，结合统计指数的编制方法，构建上市公司财务指数，综合地、动态地、系统地反映上市公司整体财务运行水平。

1.1.2 研究目的

基于财务信息的重要性，本书提出了上市公司财务指数（financial index of listed companies）这一核心概念。整篇论文的研究都将围绕这一指数展开，具体的研究目的如下：

第一，上市公司财务指数的生成。

上市公司财务指数的生成，这是本书研究的最重要部分，具体即是以我国上市公司为研究对象，通过合理选取财务指标，与科学地对指标赋权，据此对上市公司整体的财务信息以恰当的形式进行综合提炼，并最终以动态指数的形式予以呈现。

由于上市公司财务指数的构建，是宏观经济景气理论应用于微观财务分析领域，因此，我们可以从这两个方面来理解上市公司财务指数的概念：从反映内容上，这一指数不同于现有的各类经济指数，如经济景气指数、物价指数、企业景气指数、国房景气指数等，这些指数分别反映的是我国宏观经济发展状态、物价水平、企业的生产经营状况、房地产业的运行状况，而财务指数的信息内容是反映上市公司的财务运行状态与波动；从构造形式上，这一指数也有别于目前企业财务分析中的各类财务比率、财务指标或综合财务评价体系。传统的财务分析是借助这些财务比率或财务指标等，对单一企业在某一时点的财务状况的分析评价，而财务指数是以上市公司作为一个整体对其财务状况进行综合，并且是长时期的动态跟踪比较。总之，财务指数既是具有质量属性的一类动态总指数，又是具有财务综合评价性质的一类财务分析，是传统财务分析的拓展与升华。

第二，上市公司财务指数的信息分析与应用。

上市公司财务指数的信息分析与应用，是指根据经验数据实际生成我国上市公司财务指数后，我们对财务指数信息的特征分析与信息含量验证。通过对财务指数的数量特征分析，我们能够掌握我国上市公司财务运行的发展趋势与波动规律；而财务指数信息应用，则通过考察财务指数与股票市场相关变量的关系，论证财务指数系统的信息含量，进而明确其信息效应。

1.2 研究思路与逻辑框架

1.2.1 研究思路

依据本书的研究目的，整篇文章的研究思路将紧紧围绕财务指数的生成与信息分析应用展开。上市公司财务指数是一个信息高度浓缩的指数系统，一方面它是对上市公司整体财务状态的综合反映，另一方面又是对财务状态的动态走势的刻画，是一个包含不同时间、不同指标、不同公司的三维信息系统。因为评价对象呈现多样性，而不同公司、不同财务指标都不具备可加性，因此，上市公司财务指数的构建，不可能是单纯的景气指数，或股票价格指数，或某类统计指数的复制，需要采取一定的方法将研究问题层层分解降维，而后再将原始数据层

层加工汇总。而上市公司财务指数的信息分析与应用，则主要
从财务指数特征分析与相关变量关系研究展开。具体的研究思
路见图 1 - 1。

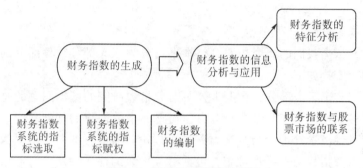

图 1 - 1　本书研究思路示意图

　　概括说来，财务指数生成的基本流程包括财务指数系统的
指标选取、指标赋权、财务指数的编制三大环节。其中，财务
指标的选取，是基于一定的理论认识，选取具有重要意义的财务
指标进入财务指数的构建系统，被选取的财务指标共同构成
了财务指数的信息内涵；财务指标的赋权，是指对财务指数系
统的各财务指标以一定方式进行赋权，权重的大小直接体现了
指标在财务指数中的影响作用；财务指数的编制，是在指标选
取与权重确定的基础上，对多指标信息进行汇总，并以一定形
式进行动态对比，以得到最终的财务指数结果。目前，关于上
市公司财务评价体系的研究较多，成果也很丰富，在此我们需
要在文献综述的基础上，总结出适合财务指数的财务指标体系
的建立方法。而财务指数的编制，涉及多指标信息的汇总与动
态指数的构造，这两个环节则紧紧相扣，相互联系又相互影响，
具体的应用方法有待我们后面的深入研究。
　　财务指数的信息分析与应用，主要是从两个方面进行：一
方面是分析财务指数的特征表现与内部联系，从而挖掘上市公

司财务运行的发展趋势与波动规律；另一方面，对财务指数与股票市场的相关变量进行相关研究，论证财务指数系统的信息有效性与信息效应。

1.2.2 逻辑框架

依据我们的研究思路，整本书可分为三大部分，各部分的内容安排如下：

本书第一部分，是上市公司财务指数研究的基本问题的总括性概述。本书首先指出上市公司财务指数构建的基础理论是宏观经济景气理论与微观财务分析理论。然后，本书提出了构建财务指数的一系列构想，包括财务指数的性质界定，财务指数的目标、功能和作用，财务指数系统的内容结构与财务指数的生成流程。

本书的第二部分，是上市公司财务指数的生成。这一部分首先对财务指数系统的指标选取展开研究，具体是在相关文献的基础上，提出了财务指标选取的原则，建立了财务指标的基本框架，并以此进行了问卷调查，最终由专家意见得到了财务指标的选取结果。其次，本书又从指标权重的理论出发，指出财务指数系统指标的赋权应采用组合赋权形式。据此，由问卷调查的结果分析得到了财务指标的主观权重，而客观权重将采用因子分析赋权法来予以确定。再次，本书讨论了财务指数编制中的具体方法，通过各种方法的比较与适用性分析，最终确定了财务指数的编制模型。最后，综合财务指数系统的指标选取、指标赋权与编制模型的研究结论，本书通过经验数据的收集整理与方法应用，最终生成了样本综合财务指数及样本类别财务指数。

本书的最后一部分，是财务指数信息的应用研究。一方面，文章详细地分析了综合财务指数及各类别财务指数的特征，探讨了我国上市公司财务运行轨迹与波动规律。另一方面，考察了财务指数与股票市场相关变量的相关表现，以分析与验证财务指数的信息含量与信息效应。全书的内容架构可以通过图1－2予以形象反映。

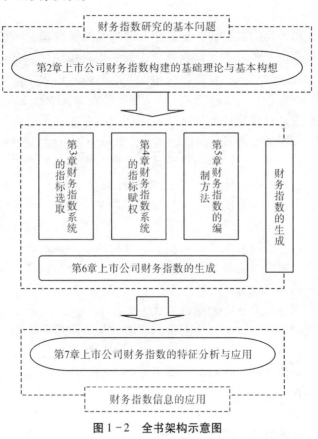

图1－2　全书架构示意图

1.3 研究方法

上市公司财务指数，是建立在宏观经济景气理论和微观财务分析理论基础之上，借鉴景气指数的构造原理，综合运用多种统计方法的成果。在方法应用上，本书体现了理论分析与实证研究相结合，多学科交叉应用的研究特点，具体表现如下：

在财务指数系统的指标选取方面，本书述评了已有财务评价研究和财务预警研究的指标体系，以及各种指标的选取方法，在此基础上开展了问卷调查活动，通过对问卷调查结果的详细分析，得到了财务指数系统的财务指标构成。

在财务指数系统的指标赋权方面，本书阐释了指标赋权的理论，提出了采用组合赋权法进行财务指数系统的指标赋权。据此，对问卷调查的结果采用层次分析法，得到财务指标的主观权重，对财务指标的样本数据采用因子分析赋权法，得到了各指标的客观权重，最后将两者线性合成得到组合权重。

在财务指数系统的指数生成方面，本书深入讨论了财务指数编制中的具体方法，从而得到了财务指数的编制模型。具体生成过程中，首先对财务指标的样本原始数据进行了同向化调整和异常值剔除，进而综合运用了多指标信息合成和动态指数编制的方法，最终得到了财务指数的实际结果。

在财务指数系统的指数应用方面，本书通过综合及类别财务指数的走势图，探讨了其走势特征与波动规律，进一步地采用 person 相关系数、spearman 相关系数和 Kendall tau 系数分析了各财务指数之间的内部相关性。另一方面，在研究财务指数与股票市场相关变量的关系时，本书根据样本数据的特点采用了典型相关分析方法，得到了统计检验显著的几点有效结论。

1.4 主要的创新与不足

编制上市公司财务指数是资本市场下财务研究的崭新命题，也是一个具有重要现实意义的研究领域。本书试图在以下方面作出努力：

（1）理论视角的创新。上市公司财务指数的构建是将宏观经济景气理论应用于微观财务分析领域，目前宏观经济景气指数体系广泛涉及产量、成本、商品零售总额、固定资产投资、货币流通、物价水平等方面，但是始终缺少有关财务经济状况的指数，我们编制的财务指数将弥补这一空缺。另一方面，目前财务分析系统集中于微观个体的静态考察，其综合性、动态性较差，本书的研究视角即是从宏观的、动态的角度进行财务分析，是传统财务分析的拓展与升华。

（2）财务指标赋权的创新。本书财务指标权重的确定采用组合赋权法，兼顾了主观赋权法与客观赋权法的优良性又弥补了单一方法的不足。而目前大部分的已有文献中，评价指标体系的建立要么基于纯粹的定性分析，要么完全基于实证结果，而较少将两者有机地统一起来。本书通过问卷调查，获取被调查者对财务指标重要性的认识，通过层次分析法得到了财务指标的主观权重；再由经验数据通过因子分析赋权法得到了各指标的客观权重；最后将两类权重进行线性合成得到组合权重。

（3）应用研究模式的创新。在财务指数生成后，本书采用了典型相关分析法，讨论了股票市场的价格、交易量，与各类财务指数的关系，这一研究模式在三个方面区别于已有的研究文献：一是改变了以单一上市公司的财务指标、单一股票价格等作为具体研究变量的微观研究模式，而是以上市公司整体的财务信息、整体股票价格和交易量作为研究变量；二是股票市场的研究变量不仅仅是股票价格，还包括股票交易量；三是不是以上市公司某一个财务指标或某一类财务指标为研究变量，而是综合考察上市公司财务能力，包括各类别财务能力。研究结果显示股票市场变量与财务指数具有显著的相关性，不仅验证了财务指数信息的有用性，也获得了几点具有启示性的结论。

由于数据资料的限制以及本人知识、经验和能力的局限，本书的研究仍存在着较多不足之处。

（1）由于数据取得的限制，目前暂且只能编制 11 期的财务指数，因此在很大程度上限制了财务指数的应用深度与宽度。随着财务指数内容量的充实，财务指数的应用空间将会得以拓展与衍生，如与宏观经济发展的联系，与宏观物价指数的联系，与特定上市公司的财务监测预警相结合等，并且在研究模式上可以采取更深入的实证方法。

（2）财务指数系统指标体系建立的问卷调查还有待进一步修订，下一阶段应考虑扩大问卷调查的影响力、调查面与调查量，以期得到一个更具社会公认的指标体系。

（3）由于笔者个人能力有限，本书的研究样本并没有包括金融类上市公司，这也是未来需要完善的方面，在此，需要专门讨论金融类上市公司的财务信息特征，从而单独地展开金融类上市公司财务评价体系的建立，形成金融类上市公司财务指数，进而汇总得到综合财务指数。

2

上市公司财务指数构建的
基础理论与基本构想

以动态指数的形式来反映上市公司整体财务状况的发展变化，其理论基础来源于宏观经济研究中的景气理论，以及微观经济研究中的企业财务分析理论。正是通过统计指数形式，将宏观与微观两个研究领域的理论交融起来，把微观分析纳入宏观形势分析的框架之中，才得以形成反映上市公司总体财务状况波动走势的动态指标。在两大理论的指导下，本章进一步给出了上市公司财务指数构建的基本构想，具体内容包括对财务指数的性质界定与财务指数的目标、功能与作用，财务指数构建的基本假设，以及财务指数系统的内容结构等方面的内容。

2.1　宏观经济景气理论

2.1.1　经济景气理论的内涵

景气，是一个抽象的经济概念，有广义和狭义之分。狭义的景气概念，是指经济繁荣、兴旺、上升；所谓不景气，则是指经济萧条、衰退、下降。广义的景气概念则认为，景气就是经济运行所处的状态，包括了通俗意义上的景气和不景气，只是景气程度不同而已。可见，景气是对经济波动所处状态的一种表述。而经济波动，也即经济周期。米切尔（W. Mitchell）和波恩斯（A. Burns，1946）给出了关于经济周期的经典定义：经济周期是某些国家总量经济活动中可以发现的一种波动，在这些国家中经济工作主要以实业企业的形式组织；一个周期包括同时发生在许多经济活动中的扩张、随之而来的同样普遍的衰退、紧缩和下一个周期的扩张阶段相连的复苏所组成；这一系列的变化是周期性的，但并不是定期的；经济周期的持续时间在 1 年以上到 10 年或 12 年；它们不能再分为更短的与其具有相同特征的周期①。

在大多数的研究文献中，经济景气理论与经济波动理论并没有被严格区分，都理解为是关于经济周期性运动研究的一种理论。就笔者理解，从狭义的角度，两者在研究侧重点上还是存在一定的差异：经济波动理论更着重于对经济周期性运动的性质、形成机理，周期运行的表现及规律等方面进行的各类定性研究，当然也包括引入不同的数学模型对影响经济周期波动的各种因素进行的理论分析；经济景气理论，则更多地集中于研究对经济周期波动的具体态势的定量描述，主要表现为运用各种景气指数、景气信号等对经济周期进行计量、监测与预警。基于此，也有学者将景气理论归于经济周期理论中的一部分，这一认识也未尝不可。在本书的研究中，正是利用景气理论及相关方法，对上市公司的财务运行状态进行定量刻画。

2.1.2 经济景气理论的发展

最早的景气理论可以追溯到19世纪末期。在1888年巴黎统计学会上，人们就以不同颜色对经济状态进行评价，以黑、灰、淡红和大红这几种颜色来测定经济波动，其代表人物有法国经济学家福利斯，他根据几种颜色测定法国1877—1887年10年的经济波动并绘制国家宏观经济波动图，阐明宏观经济波动的现实存在。虽然该方法能够阐明宏观经济波动的现实存在，但是其缺乏定量测度且随意性大，因此，20世纪初便出现了系统的、有组织的关于宏观经济的预警，即景气的研究。

20世纪初，最具代表性的关于宏观经济景气的研究应属美国巴布森经济活动指数和哈佛指数。1909年，美国经济学家巴布森发表了关于美国宏观经济状态的第一个指示器——巴布森

① 韦斯理·C.米切尔，亚瑟·F.波恩斯.经济周期的计量［M］.纽约：美国全国经济研究局，1946：3.

经济活动指数，该指数在 20 世纪初被公认为反映美国经济宏观动向的晴雨表。1910 年，专门从事经济监测的美国布鲁克迈尔经济研究所也编制了涉及股票市场、一般商品市场和货币等方面的景气指标。随后，1917 年，哈佛大学设立了从事经济景气监测的经济调查委员会，由珀森斯教授主持研究工作，编制出了美国一般商情指数，即哈佛指数，这组指数是根据 13 项经济指标数据时间差异关系分别编制的，包括投资指数、生产量及物价指数和金融指数三类。从历史拟合角度分析，该指数对 20 世纪初期至 1929 年美国历次经济危机都作了较好的反映，显示出较好的经济效果，不仅能指示景气状况，而且具有超前向导的作用。在西方曾风行一时，英国的"伦敦与剑桥经济研究所"也采用合法指数编制方法编制了反映英国景气状况的指示器——英国商业循环指数。但是哈佛指数由于未能有效预测 1929 年爆发的世界经济危机而遭遇失败。至此，西方工业国家对宏观经济波动监测与预警的研究已走过了漫长的历程，其编制的反映景气状况的指数在一定程度上能够反映国家宏观经济状况，但是其研究机构均以民间机构居多，主要以个人研究方式进行，并且其研究成果属于科研性质的个人研究，与社会活动尤其是政府活动的联系较少，进入实际运行的更为稀少，虽然有一定的定量分析，却未能建立预警模型。

20 世纪 30 年代中期，景气理论再度兴起，到 50 年代不断改进，发展并开始进入实际应用时期。1937 年，美国全国经济研究局（National Bureau of Economic Research，NBER）继续进行经济周期波动的定量分析，负责人由著名的经济学家米切尔担任，推出了经济波动的扩散理论。该理论认为，经济波动是一个在宏观经济系统中各部门逐步扩散的过程，各部门经济波动在时间上存在一定差异性。其后，1950 年，美国全国经济研究局的经济学家穆尔从近千个统计指标的时间数列中选择了具有代表性的 21 个指数，构成了一个新的多指标信息综合方法——扩散指数。该指数以宏观经济综合状态为测度对象，相应地编制先行、同步、滞后三种指数，而不仅局限于经济运动的某一侧面。该研究模式一直沿用至今。

自 20 世纪 60 年代起，景气监测系统的发展又进入了一个新的阶段。1961 年，美国商务部正式将美国全国经济研究局景气监测系统输出信息在其刊物《经济循环发展》上逐月发表，以数据和图标两种形式提供宏观景气动向的信号，至此，宏观经济监测预警系统已从民间研究走向官方实际应用的阶段。美国商务部经济分析局的首席经济统计学家希斯金 60 年代提出了综合指数（composite index），亦称合成指数，是由多个指标加权平均求出，用于综合多指标的信息。希斯金认为，虽然扩散指数作为一种基本构造方法已得到广泛应用，但是它存在不能反映经济波动幅度、干扰较大的缺点。为了克服扩散指数难以检测经济波动幅度的缺点，合成指数理论应运而生，能够在一定程度上反映经济变动幅度的信息。该理论对经济景气系统的构成产生了重大而深远的影响。其后，在此基础上又发展了摩尔的商业经济周期理论和经济合作与发展组织（OECD）的先行指数系统。

美国国际经济周期研究中心的主任摩尔，在长期研究商业经济周期循环的基础上建立了一个"国际经济指标系统"。他认为，世界经济会出现周期性循环，因此对经济周期及通货膨胀进行经济测度很有必要，这种研究既有利于改善经济指标的预测效能和时效性，又有利于加深对构成世界经济的各国经济以及各国之间的经济关系的理解。经济合作与发展组织（OECD）于 1978 年建立了应用先行指数系统（就业先行指数、通货膨胀先行指数等）用以监测成员国的经济动向。次年，欧共体也开始了成员国景气指数的研究。此外，世界银行、国际货币基金组织也建立了相应的监测系统。

可见，从哈佛指数失效后的经济波动扩散理论开始，宏观经济监测预警系统的构成模式开始形成。其采用先行、同步、滞后三组指数构成经济监测预警系统的模块改变了早期的经济景气理论，如哈佛指数，仅以单一经济活动侧面来反映景气变动的模式。希斯金开发了季节调整方法，剔除了时间序列分析中季节因素的影响，提高了监测景气系统的质量。研究分析方法由过去用颜色进行描述的主观片面向定性与定量分析相结合的方法转变，更为科学。

我国宏观经济景气监测预警研究是以 1984 年后出现的投资失控、消费膨胀等现象为经济背景开始提出的。1987 年，吉林大学系统工程研究所受国家经济贸易委员会委托，开始了我国经济循环的测定和监测研究，其研究报告中所设计的监测预警指标分为三大类：一是先导指标，如工业贷款额、货币流通量等；二是同步指标，如工业总产值、国内商业纯销售等；三是滞后指标，如消费品零售总额等。此后，国家科学技术委员会、中国人民大学国民经济管理系、中国社会科学院数量技术经济研究所、国家统计局等以及一些理论学者陆续展开了对经济景气测定的工作与研究。这些研究成果对完善我国景气监测系统提供了有益的经验，促进了我国景气监测系统的建立与完善。

2.1.3 景气理论对财务指数构建的启示

由于宏观经济是一个复杂的系统，涉及生产、流通、消费和分配的各个环节，因此目前宏观经济的景气研究已包括工业经济、农业经济、商业经济、通货膨胀等方面的监测预警系统，由此形成丰富的经济指数系统，如中国经济景气监测中心的宏观经济景气指数、国房景气指数等，国家统计局的各类物价指数等，中国经济信息网的中经景气指数、中经物流指数、中经社会需求指数、中经行业指数等，甚至包括证券交易所的各类股票价格指数等，但是始终都缺少对我国企业整体财务态势的定量描述。

而另一方面，企业的发展也是一个周期波动的过程，因此可以将景气理论应用于企业发展分析，目前这一研究主要集中于企业的景气调查。企业景气调查（business survey）是以企业家或企业有关负责人为调查对象，采用问卷调查方式，定期收集企业家对宏观经济运行和企业生产经营景气现状的定性判断，据以编制景气指数，以综合反映宏观经济运行和企业生产经营状况所处的状态和未来发展变化趋势。目前我国企业景气指数具体包括：企业家信心指数，是根据企业负责人对企业外部市场环境与宏观政策的认识、看法、判断与预期而编制的指数，用以综合反映企业负责人对宏观经济环境的感受与信心；企业景气指数，是根据企业负责人对本企业综合生产经营情况的判断与预期而编制的指数，用以综合反映企业的生产经营状况；其他景气指数，根据某个具体指标编制的指数，如由产品订货指标综合而成的"产品订货景气指数"等。可以看到，在企业景气调查中，同样也缺少对企业财务状况的景气分析。

将宏观的经济景气理论应用于微观的企业财务分析领域，这是我们财务指数构建的基本思想。一方面，企业的经营绩效与经济景气有密切的关系。景气的扩张，使得需求增加，需求增加则带动了生产与销售，进而导致生产者对未来产生乐观的看法，因而促成进一步的投资，经济景气乃继续扩张，景气的继续扩张更刺激了需求，进而提升企业的经营绩效。当经济运行到达波动高峰后，景气开始紧缩，需求减少，产品销售量下降，企业减少生产量，进一步的，生产者调整未来生产计划安排，经济继续收缩，企业经营绩效下降，直至经济运行达到波谷。如此反复，企业的经营绩效对应宏观经济运行，也相应存在着一个周期性起伏波动。另一方面，经济周期波动对企业的经营绩效的影响，又会直接体现在企业的资产使用寿命、要素资本投入、资本结构等财务状况方面，"实际上，经济周期波动是各种财务活动周期性变化的综合反映"①，从而企业的财务在整个生命周期各阶段存在不同的财务特征、财务定理和财务模型，表现为一种财务周期。"财务周期的产生源于经济过程价值流量的规模、速度、结构与物质资源流量、流速、结构等方面的差异。当价值流与物流不协调并在短期内得不到解决时，财务状况将出现周期性波动。究其原因，一是经济过程生产力物质资源流量、结构和速度的异常变动对公司财务产生有利或不利影响；二是财务管理工作质量和效率不能满足经济过程变化的客观要求；三是企业物流、信息流不能满足财务价值流程要求而引发财务活动周期性波动；四是市场营业周期和企业生命周期对公司财务的直接作用②"。

由于企业存在着财务周期，从而使得我们借鉴景气理论分析思想，构建财务指数体系具备了可行性。从景气理论出发，上市公司财务指数是以一定指数形式，对上市公司这一群体的财务总体运行状况进行客观反映与动态监测，以分析过去和现在我国证券市场的财务整体态势和景气程度，并预报财务经济运行过程将要走向的景气状态。

当然景气理论应用于财务指数的构建，只是为我们提供了一个宏观的理论框架，指数的具体构建还需要从财务指标的选取、指标的赋权与指数的具体编制等多方面考虑，这些我们将在后文的分析中逐步加以明确。

---

① 郭复初，罗福凯，华金秋. 发展财务学导论［M］. 北京：清华大学出版社，2005：90.

② 郭复初，罗福凯，华金秋. 发展财务学导论［M］. 北京：清华大学出版社，2005：90.

2.2 微观财务分析理论

在现代经济社会，其研究领域得以广泛衍生与扩展的财务管理各项活动，可以说无不是建立在对财务信息分析的基础之上，如公司价值评估、投资决策、股票定价、股利政策、兼并收购等。因此，在财务领域，财务分析是最基本也是最核心的内容。

2.2.1 财务分析的内涵与发展

关于财务分析，理论界有不同的定义。帕利普（Palepu）[①]认为，传统意义下的财务分析即是财务报表分析[②]，是指利用财务报表及与之有关的其他数据资料，通过计算财务指标，系统分析和评价企业的过去和现在的经营成果、财务状况及其变动，为财务决策、财务诊断、咨询、评估、监督及控制提供所需的财务信息。利奥波德（Leopold）[③] 认为财务分析是一种判断过程，旨在评估企业现在或过去的财务状况及经营成果。国内这一领域的代表人物张先治[④]认为，财务分析是以会计核算和报表资料及其他相关资料为依据，采用一系列专门的分析技术和方法，对企业等经济组织过去和现在有关筹资、投资、经营活动

[①] PALEPU, HEALY, BERNARD. Business Analysis and Valuation Using Financial Statement ［M］. South－Western Thomson Learning, 2004.

[②] 据帕利普，完整财务报表分析包括策略分析，会计分析、财务分析与前景分析。

[③] LEOPOLD A. RERNTEIN, JOHN J. WILD. Financial Statement Analysis：Theory, Application and Interpretation ［M］. McGraw Hill, 1998.

[④] 张先治. 财务分析 ［M］. 大连：东北财经大学出版社，2005.

的偿债能力、盈利能力和营运能力状况等进行分析与评价，为企业的投资者、债权者、经营者等了解企业过去、评价企业现状、预测企业未来、作出正确决策、提供准确信息或依据的经济应用学科。尽管表述不同，但是对财务分析内涵及目的的理解都是一致的。

财务分析的基础是会计报表，因此，财务分析的产生与发展必然与会计技术或会计报表的发展相适应。随着经济发展及人们对会计信息的需求，会计技术不断发展、会计报表不断完善，从而财务分析的内容与技术也得以不断发展。

财务分析最初起源于信用评价，大概在 19 世纪末，美国银行家出于对信贷安全的考虑，开始要求使用企业资产负债表作为评价贷款是否延期的基础。随后，美国银行家亚历山大·沃尔首次创立了比率分析体系，但当时沃尔的比率分析体系仅限于"信用分析"，所用的财务比率也只有流动比率指标。所以信用分析又称作资产负债表分析，主要用于分析企业的流动资金状况、负债状况和资金周转状况等。到了20世纪20年代，随着资本市场的形成，财务分析由主要为贷款银行服务扩展到为投资人服务。财务分析由信用分析阶段进入了投资分析阶段，其主要任务也从稳定性分析过渡到收益性分析。这时，财务分析涵盖了偿债能力、盈利能力、筹资结构、利润分配等分析内容，已发展成为较为完善的外部财务分析体系。值得注意的是，由稳定性分析变为收益性分析，并不是后者对前者的否定，而是以后者为中心的两者并存。财务分析在开始阶段只是用于外部分析，后来企业在接受银行的分析与咨询过程中，逐渐认识到财务分析的重要性，开始由被动地接受分析逐步转变为主动地进行自我分析。尤其是第二次世界大战后，企业规模不断扩大，特别是公司制的企业组织形式出现后，经营活动日趋复杂。从而，财务分析开始由外部分析向内部分析拓展。

而另一方面，财务分析的技术也随之发展与丰富起来。最初的财务分析主要是沃尔建立的比率分析法。比率分析法是利用会计数字间的相互关系，通过计算比率来考察、计量和评价企业经济活动效益的一种方法。然而大部分的财务比率并没有理论上的最优值，从而缺乏比较的绝对标准，因此，根据比率分析法难以准确理解和评判企业的财务状况。随后，趋势分析法和因素分析法开始大量使用。趋势分析法是根据企业连续几期的财务数据，比较各期有关项目数据，以揭示当期财务状况和经营成果增减变化的性质及趋势。因素分析法是一种把综合性指标分解为若干个经济因素，然后分别测算各因素变动对综合性指标影响程度的方法。

在前述的财务分析的内容与技术的发展变化下，现代财务分析的领域早已不限于银行信贷分析或一般投资分析，而是从更全面、系统的角度对企业财务状况进行总体分析评价，并进一步地扩展到对企业进行财务预警研究，这也是目前财务分析研究的两个重要领域。而采用的方法也是在传统财务分析技术综合运用的基础上，引入了大量的实证研究方法。我们的上市公司财务指数，即是在财务评价理论与财务预警理论的支持下，多种财务与统计分析方法综合运用的研究成果。

2.2.2 财务评价理论综述

企业财务评价理论是财务分析领域中发展较为成熟的一个部分，一般而言，财务评价是指通过收集和选取与决策相关的各项财务信息，并运用一定的技术方法，对企业各种财务信息资料进行加工，计算出一系列的指标，借以评价企业的经营业绩与财务状况。

自 1891 年，美国"科学管理之父"泰勒创立了科学管理理论后，以美国为主的西方国家对绩效管理和绩效评价方法的研究开始逐步深入。经过 100 多年的研究探索，企业财务评价的理论、方法和技术日趋完善和成熟，形成了丰富的企业财务评价体系。

对财务状况进行综合评价与监测的先驱者中，影响最大的是亚历山大·沃尔，其代表作是《信用晴雨表研究》和《财务报表比率分析》，沃尔首次提出了信用能力指数①的概念。沃尔分析法是把若干个财务比率用线性关系结合起来，并分别给定权重，然后通过与标准比率进行比较，确定各项指标的得分及总得分，以此评价企业的信用水平。沃尔评分法在我国实践中的应用非常广泛，如 1995 年财政部发布的《经济效益评价指标体系》和 1999 年发布并在 2002 年修订的《国有资本金效绩评价规则》都是应用的这一方法思想，不过在评价指标和权重设置上已有很大区别。但是沃尔评分法的最大不足在于，未能解释各评价指标的选取与权重确定的理由，并且各指标的对比标准值难以客观确定。

杜邦分析法是利用几种主要的财务比率之间的内在联系，建立财务分析指标体系来综合分析企业的财务状况。杜邦分析法是用来评价公司盈利能力和股东权益回报水平的一种经典方法，其基本思想是将企业净资产收益率逐级分解为多项财务比率的乘积，进而深入分析比较企业经营业绩。

杜邦分析法，揭示了所有者权益与企业销售规模、成本水平、资产营运及资本结构之间的联系，解释了指标变动的原因和变动的趋势，为采取措施指明了方向。杜邦分析法实质就是以净资产收益率这一个指标对财务状况进行总体概述，以建立在会计利润基础上的单一财务指标做财务评价，缺陷是显而易见的，例如易被操纵，评价内容不够全面等。可以说，杜邦分

---

① 这里的"指数"与我们的财务"指数"是不同的性质界定，沃尔的指数准确地说应该是一个综合指标，而财务指数是一类景气指数。

析法更多的是一种分解财务比率的方法，而不是财务评价的方法，能够用于探究指标发生变化的根本原因，而作为财务评价的最终结果则不够全面系统。尽管后来又有了"帕利普财务分析体系"，但是其作为杜邦财务分析体系的变形与补充，用于财务评价依然局限很大。

由于传统的财务业绩评价指标没有考虑权益性融资成本，因此，美国思腾思特咨询公司（Stern Stewart & Co.）于 1982 年提出并实施了一套以经济增加值（economic value added，EVA）理念为基础的业绩评价理论。经济增加值是指上市公司在扣除了投资者的机会成本后所创造的价值，它是基于税后营业净利润中提取包括股权和债务所有资金成本后的经济利润，用来衡量企业创造的股东财富的多少。经济增加值作为一种新的业绩评价指标，对传统财务评价体系的突破主要体现在，对资本成本的高度关注和强调评价企业真实的业绩。当然，经济增加值本身也存在缺陷，表现为：第一，资本成本是一种机会成本，本身带有很大的主观性，并且目前经济增加值的计算还缺乏比较规范的流程，无法准确衡量股东必要报酬率始终是经济增加值的软肋；第二，单一的经济增加值结果只能反映近期的经营成果，无法有效地提示企业未来成长能力；第三，经济增加值是一个绝对总量指标，不便于不同规模的企业之间的比较。

自由现金流（free cash flow）作为一种企业价值评估的新概念、理论、方法和体系，最早是由詹森（Jensen）等学者于 20 世纪 80 年代提出的，经历 20 多年的发展，特别在以美国安然、世通等为代表的之前在财务报告中利润指标完美无瑕的所谓绩优公司纷纷破产后，已成为企业价值评估领域使用最广泛、理论最健全的指标，美国证监会更是要求公司年报中必须披露这一指标。自由现金流是一种财务方法，用来衡量企业实际持有的能够回报股东的现金，具体计算是：

$$自由现金流量 = (税后净营业利润 + 折旧及摊销)$$
$$- (资本支出 + 营运资本增加)$$

自由现金流量法估价的基石是未来的自由现金流量和折现率，但它的使用要有一定的假设：公司在被估价时有正的现金流，并且未来的现金流可以较可靠地加以估计，同时，又能确定恰当的折现率。但现实情况与模型的假设条件往往大相径庭，特别是对于陷入财务困境的公司，自由现金流量运用存在很大局限性。

以上是财务评价领域较有代表性的几种财务评价方法。而在学术界，随着学科交流的广泛兴起，统计学中丰富的综合评价方法也被普遍应用于企业财务评价领域，比如主成分分析法、因子分析法、灰色系统、神经网络等，特别是由于数据的可得性，针对上市公司开展的财务评价研究有了丰富的实证研究成果。在我国，较早的研究成果主要有葛文雷（1999）以沪市1997 年 372 家上市公司年报为研究样本，选取了 20 个财务指标，运用因子分析法对上市公司进行了业绩评价排名。王光明等（1999）选取 12 个指标，采用主成分分析法对我国商业企业的综合实力进行了评估与排序。黎继子等（1999）基于人工神经网络的基本原理，对我国 36 家制造业上市公司建立了上市公司财务评估神经网络模型。徐国祥（2000）分别从主观与客观方法入手，探讨了上市公司业绩综合评价的指标选取与指标赋权等问题，并进行了相应的实证分析。彭家生（2000）讨论了灰色系统理论应用于企业财务评价的静态和动态模型。毛定祥（2000）首次提出了上市公司动态复合财务系数，应用主成分分析法，对我国机械类上市公司进行了动态综合评价。王欣荣、樊治平（2002）以此方法进一步综合考虑了每个指标的好坏程度和增长速度。郭亚军（2002），赵华平、张所地（2003）运用"纵横向拉开档次法"，利用各评价对象在各时间点上数据的总离差平方和来确定各期的指标权重，并对我国石化行业上市公司经营业绩进行了综合评价。刘飞、张广盈（2005）对样本数据建立有效的固定影响变系数的 panel data 模型，利用模型得到评价系数，然后再使用静态综合评价方法中的变异系数总指数法来进行综合评价。目前，以定量分析法进行财务评价的研究成果数量众多，在此不再一一叙述。

2.2.3 财务预警理论综述

企业财务预警研究属于微观经济预警的范畴，是除财务评价外财务分析运用的另一个重要分支，主要以经济周期波动理论、企业预警理论和现代财务管理理论为基石，对企业财务风险进行监测和预警。目前，其研究内容与形式主要有两个方面：一是从经济预警理论出发，研究企业财务预警系统的理论框架，二是利用财务指标数据，进行财务困境或财务危机预警的模型研究，尤其是后者，在学术界已得到了广泛的探索分析，形成了大量的实证研究成果。

（1）财务预警系统的基本框架

根据经济预警理论，一个完整的财务预警，也应包括四个步骤：第一，明确财务预警的警义，即财务监测和预警的对象，它由若干个警素构成，警素是构成警情的指标；第二，寻找财务预警的警源，即警情产生的根源，主要包括外生警源和内生警源，前者是来自外部经营环境变化而产生的，后者是内部运行机制不协调所产生；第三，分析财务预警的警兆，即警素发生异常变化时的先兆；第四，监测并预报警度，即警情的级别程度，一般设计为五种——无警、轻警、中警、重警和巨警。

顾晓安（2000）认为企业财务预警系统，警义是公司财务，公司的利润、现金流量等财务评价指标是警素。短期财务预警系统的建立应立足于现金流量的控制和监测，从中寻找警源，分析警兆并预报警度。另一方面，顾晓安又从获利能力、偿债能力、经济效率和发展潜力四个方面，采用功效系数法，建立了长期财务预警模型。苗润生（2003）认为公司预警系统有三个功能：①基本监测系统，主要对宏观经济情况、同行业及公司基本现状及变化进行分析；②适时监测系统，对公司财务状况进行适时监视；③跟踪监测系统，对可能引起公司财务状况恶化的长期财务决策进行监控。相似地，张友棠、张勇（2006）认为财务预警系统包括三个子系统，分别是行业环境及内部控制风险评估系统、财务景气监测系统和财务景气预警系统。耿贵彬（2007）提出建立实时财务预警系统。总体说来，关于企业财务预警系统的构建研究，目前大部分的研究文献主要是从系统的功能、构建原则、工作程序等方面给出了理论框架，而实证方面的研究则主要集中于对财务预警的模型研究。

（2）财务预警的模型研究

财务预警的模型研究，以财务会计信息为基础，利用经验数据，通过设置并观察一些敏感性预警指标的变化，建立预警模型，对企业可能或者将要面临的财务危机实施的实时监控和预测警报。

财务预警的模型研究始于20世纪60年代，经过几十年的发展，已取得了比较成熟的研究成果。企业财务预警的模型方法主要有定性和定量方法。定性的方法包括个案分析法、专家调查法、短期资金周转表分析法、流程图分析法和管理评分法等。而定量方法又主要分为静态和动态研究，在学术界得到了大量的应用与研究，是目前国内外研究企业财务预警或财务危机的主流方式。其发展过程可以总结如下[1]：

（1）单变量判别法。国外学者最早的财务困境预警研究是

---

① 张鸣，张艳，程涛. 企业财务预警研究前沿 [M]. 北京：中国财政经济出版社，2004.

菲茨帕特里克（Fitzpatrick，1932）开展的一元判定研究，即单变量研究。他以 19 家公司为样本，运用单个财务比率将样本划分为破产和非破产两组，研究发现判别能力最高的是"净利润/股东权益"和"股东权益/负债"两个财务比率。比弗（Beaver，1966）首次运用统计方法建立了单变量财务预警模型，他使用由 79 家公司组成的样本，发现最好的判别变量是"现金流量/负债"和"净利润/总资产"，并且研究还发现，越临近破产日，误判的概率就越低。单变量判别法方法简单，使用方便，但是只使用一个财务比率的分析能力，其判别精度较低。

（2）多元线性判别法。奥尔特曼（Altman，1968）首次将多元线性回归方法引入财务预警研究领域，建立了著名的 Z Score 模型。其后不断有学者对 Z 模型加以改造（奥尔特曼等，1977）修正了 Z 模型，在原有 5 个财务指标的基础上加入了公司规模与盈余稳定性两个变量，建立了 Zeta 模型。奥尔特曼（2000）再次对 Zeta 模型进行修正，去掉了带来行业影响因素的"销售收入/总资产"，得到了跨行业的 Z^* 值模型。在我国，周首华等（1996）在此基础上，提出 F 分数模型，杨淑娥等（2003）运用主成分分析方法，提出了 Y 分数预测模型。

（3）多元逻辑与多元概率模型。奥尔森（Ohlson，1980）首次将 Logit 和 probit 方法应用到破产预测领域，之后金特里，纽博尔德和惠特福德，凯西和巴特萨克（Gentry，Newbold & Whitford，1985，Casey & Bartczak，1985）也采用了 Logit 方法进行了研究。Probit 方法与 logit 思路相似，区别在于计算方法、假设前提不同：logit 不需要严格的假设条件，并采用线性回归方法求解参数；probit 则需假设样本服从标准正态分布，采用极大似然函数求极值方法估计参数。

（4）人工神经网络分析法。20 世纪 80 年代末期，神经网络理论开始兴起，其影响也及于财务预警研究领域。人工神经网络（artificial neural network，ANN）方法，是把预警指标作为神经网络的输入变量，采用训练样本集对神经网络进行训练，然后再用测试样本集进行仿真，得出未来的财务状况是优还是劣的二值判断。沙尔达（Odcm & Sharda，1990）最早使用神经网络预测财务危机，随后塔姆（Tam，1991），科茨和范特（Coats & Fant，1993），奥尔特曼等都采用了该方法，并取得了较好的预测效果。

（5）以上的财务预警研究均属于静态财务预警研究，动态财务预警研究也在不断发展，其主要研究成果有，鲍莫尔（Baumol，1952），托宾（Tobin，1958），贝拉尼克（Beranek，1963），米勒、奥尔（Miller、Orr，1966），法马（Fama，1971）等的存量现金管理模型；弗里德曼（Friedman，1959）的产品现金管理模型；梅尔策（Meltzer，1963）、威伦（Whalen，1965）等的财富现金管理模型以及 Suvas（1944）的联合模型。动态预警模型的研究思路接近，都是通过时间序列回归或者动态管理角度得出破产与非破产公司的现金管理特征变量，并据此构建预警模型，这些特征变量反映了公司对外界因素变化的灵敏度，并且都在统计上有比较显著的结果。

国内学者也开展了这一领域的大量实证研究，由于数据的可获得性，其研究样本主要是上市公司。陈静（1999）以截至1998年年底的27家ST公司与同行业、同规模的非ST公司作为研究样本，运用单变量分析法，进行了财务预警研究。张玲（2000）、高培业、张道奎（2000）等运用多元线性回归模型进行研究。陈晓等（2000），姜秀华（2001），吴世农、卢贤义（2001）运用logit回归模型进行了财务预警分析。杨保安等（2002）采用人工神经网络分析法进行财务危机预警，结果表明样本的实际输出和期望输出较为接近，显示出神经网络是进行财务评估的一种很好的应用工具，能够为银行贷款授信、财务预警提供有力的决策支持。张玲等（2005）分别采用多元线性回归和人工神经网络分析方法对公司财务困境进行了预警，实证结果显示两种方法都有较好的预测效果，且人工神经网络分析方法模型的短期预测效果优于多元线性回归模型的预测效果。杨淑娥等（2005，2007），刘新允等（2007）也采用了人工神经网络分析方法方法进行公司财务预警研究，取得了较好的预测效果。另一方面，国内学者较少运用动态财务预警方法进行实证研究，这主要因为动态预警需要进行时间序列分析，而从我国目前的资本市场数据来看，应用时间序列模型还存在一定的困难，只有极少量的研究在这方面进行尝试。张鸣、程涛（2005）在传统财务预警模型的基础上，引入现金管理特征变量和现金管理结果变量，构建综合预警模型。他们以1998—2000年因"财务状况异常"而被特别处理的A股上市公司为研究样本，并根据行业和资产规模设计了"非ST"配对样本，运用时间序列回归和logit回归方法，从财务指标角度和现金流量角度分别构建预警模型，并在此基础上构建了综合预警模型。

2.2.4 财务分析理论对指数构建的启示

不论是财务评价研究还是财务预警研究，都是基于财务指标进行的分析评价活动，都属于财务分析理论的范畴。我们的财务指数，从反映的内容来看，是对上市公司的财务运行状况进行客观反映与实时监测，因而也隶属于财务分析的理论范畴，是对传统财务分析的拓展与升华。

通过上文的综述，可以清晰地发现财务评价和财务预警理论发展的共通点：①都经历了从单变量分析到多变量分析的发展路径；②都从最初的静态研究逐步拓展到动态研究方向；③大量的数学和统计方法被广泛地引用到了两者的研究领域，并且取得了大量的实证研究成果。但是，不论是财务评价体系还是财务预警系统，目前的研究都还存在一些缺陷：

（1）研究结论的静态性

尽管从研究方法上，两种分析研究系统都有从静态研究到动态研究的发展趋势，也出现了部分动态研究的实证研究文献，但两者的研究结论却不可避免地存在其静态性，或者也可以称作结论的时点性。无论是财务评价还是财务预警研究，即使采用了多年的经验数据和动态研究方法，其目的仍然是对某一公司某一年度的财务状况进行评价，或对其是否面临财务危机进行预测。这样的研究结果，从时间上看具有片面性，没能将各个时点联系起来，建立起"一个较长时间段"的分析监测系统。

（2）研究对象的个体性

两种分析系统都属于微观层面的研究框架，其研究对象都是微观经济个体。虽然财务预警模型结合了景气理论、经济周期波动理论等宏观经济理论，但其分析结果仍然只适用于公司内部，局限于分析具体公司是否存在财务危机。两者的研究均可以理解为"个体研究"，其综合性和系统性较差，未能从更宏观、更综合的角度形成整体的、系统的基于财务比率的财务分析系统，即缺乏"系统研究"。

本书的上市公司财务指数研究，即着眼于这两个不足，对财务分析的内容以动态指数的形式进行分析，以期能有所突破。一方面，通过构造长期的财务指数系统，将原来单一的对"某个时间点"的研究转变为"可持续的长期"研究，改变研究结论的静态性，使其具备动态可比性，也即反映研究对象财务状况的长期变化态势。另一方面，将原来的"个体"研究转变为"系统"研究，研究对象不再局限为某一个公司，而是以上市公司为一个整体，或某个行业公司为一个整体，反映这一群体的整体财务状况。

2.3 财务指数构建的基本构想

2.3.1 财务指数性质的界定

关于上市公司财务指数（financial index of listed companies）的定义，具体可以表述为：以我国上市公司为研究对象，通过合理选取财务指标与科学赋权，据此对上市公司整体的财务信息以恰当的形式进行综合提炼，并最终以动态指数的形式予以呈现，旨在综合地、动态地反映我国上市公司整体的财务运行态势。

上市公司财务指数是一个信息高度浓缩的指标，一方面它是对上市公司整体财务状态的综合反映；另一方面又是对财务信息的动态描述，是一个包含不同时间、不同指标、不同公司的三维信息指数系统。因此，财务指数内容上，是财务运行状况的景气反映；形式上，是统计的动态指数构造。因此，财务指数必然具有双重的经济性质。

（1）财务理论上的财务指数

财务指数是景气理论与统计指数在财务分析领域的应用，其反映的内容是上市公司的财务运行状态，信息来源于财务指数系统的财务指标，财务指数是对这些指标信息在综合提炼的基础上进行的动态整理，因此它与财务分析既有联系又有区别。

财务指数与财务分析的联系表现为：财务指数是通过收集与选取相关的各项财务指标，并运用一定的技术方法，对这些财务信息资料进行加工，借以反映与监测一类企业的财务状况，因此，财务指数依然属于财务分析的范畴，具有财务综合评价的性质。

但财务指数又不同于传统意义上的财务分析，两者的区别表现在：①研究的对象不同，财务指数的研究对象是上市公司整体或一类上市公司的整体，单个企业只是构成这一整体的个别元素，而传统财务分析是以个别企业为研究单位，是对单个企业的财务运行进行评判或进行财务比较或排序；②分析的时间特性不同，财务指数是对研究对象的财务状况进行动态比较，属于动态研究，而传统财务分析是对研究对象的财务状况进行静态评判，即使进行财务比较也是静态的横向比较；③应用的方法不同，基于前两点的差异，两者在应用方法上肯定存有较大差异，财务指数的实现是以景气指数为基本构造形式，并综合运用多种统计方法，这远比传统的财务分析要复杂。

尽管财务指数与传统意义的财务分析在研究对象、分析视角、应用方法上各不相同，但是财务分析理论为财务指数系统的指标体系建立提供了理论依据，财务指数是对传统财务分析理论的拓展与升华。

（2）统计概念上的财务指数

财务指数的构建，是基于宏观景气理论中各种景气指数①方法的启示，因而从构造形式看，财务指数就是反映各种性质各异的财务指标的综合变动的相对数，显然归属于统计指数范畴，其本质也就是一种动态统计指数。以下，我们从统计指数的类别出发，进一步明确财务指数的统计性质特征。

①财务指数是总指数

按所反映现象的范围不同，统计指数可分为个体指数和总指数。个体指数是说明单个事物或现象在不同时期上的变动程度，属于广义指数的范畴；而总指数是说明多种事物或现象在不同时期的综合变动程度，即是狭义指数。财务指数是说明多

---

① 景气指数的本质也是一类统计指数。

个上市公司构成的整体的财务信息的综合变动状况，显然属于总指数。

②财务指数是动态指数

按所反映对象的对比性质不同，可分为动态指数和静态指数。静态指数是反映同类现象在相同时间内不同空间的差异程度或实际对计划的差异程度。动态指数是将不同时间上的同类现象水平进行比较的结果，这也是统计指数最常见的形式，如各类价格指数、国内生产总值指数等。在动态指数下，根据对比的基准时期不同，又可分为定基指数和环比指数，前者也就是将对比的基期固定在一个时期不变，后者对比的基期随报告期的变化而变化，一般以上一期或上年同期作为对比基期，两者在一定条件下可以相互转换。本书的财务指数显然是一个动态指数，将以定基指数与环比指数的形式分别予以表现，以满足多种比较分析研究。

③财务指数是质量指数

按所反映现象的特征不同，可分为质量指标指数和数量指标指数。质量指标和数量指标是统计学中对指标的基本分类，前者用于反映现象的质量水平、相对水平或平均水平状况，后者用于反映现象的总规模、总水平或总量等状况。本书研究的财务指数，反映的是财务状况的发展变化，因此可以归属为质量指标指数。

因此，在统计意义上，上市公司财务指数是一类具有质量属性的动态总指数。

2.3.2 财务指数的目标、功能与作用

如前文所述，目前的财务分析研究都仅限于对微观经济活动的分析和评价，而宏观的景气研究又缺少对财务状况的监测。因此，本书的研究就是力图将两者进行有机融合，创立一个不

仅综合反映上市公司整体财务状况，并且是对这一状况的动态监测与实时预警的指数系统，这也是本书所做研究的根本目标。总而言之，上市公司财务指数系统的"目标"是：基于上市公司财务指数，向社会各界提供上市公司财务运行的综合性、动态性、系统性的信息。

上市公司财务指数系统具备三大功能——客观反映、动态监测、实时预警。具体来说，"客观反映"是指财务指数的信息能够客观地、全面地反映出上市公司整体的财务运行状况；"动态监测"是指财务指数的信息是从动态的视角，在较长一段时期内对上市公司的财务运行过程进行的跟踪刻画，据此判断财务经济所处的景气状态；"实时预警"是指依据财务指数信息，可以对未来财务状况的发展趋势进行预测进而发出预警信号。

基于此，上市公司财务指数系统可以被广泛应用于各个方面，并在不同方面发挥着重要作用。

（1）有利于政府宏观经济政策的制定实施

财务指数就如同物价指数一般，代表了对应时期上市公司整体的财务状态，相关部门通过财务指数，可以明确我国上市公司财务动态走势，明确不同行业、不同板块的企业财务状况的优劣，也即可以通过财务指数对上市公司的财务状态进行定量监测。由此，政策部门根据财务指数提供的信息，可以进行相应的宏观政策调控，如优化资源配置，提高资本利用效益，调整产业结构，引导资金投向。而另一方面，财务指数系统也是政府政策实施的反馈系统，政府制定的财政、金融、税收、投资等宏观经济政策对上市公司整体和各行业所造成的影响，能够分别从综合和分类财务指数的灵敏变动及时地反映出来，为政府及时了解政策执行情况提供了途径。

（2）有利于上市公司进行自我评价

根据财务指数的编制方法，可以构建上市公司财务综合评价系统，从而可以进行公司内部财务分析和评价，并形成上市公司的财务业绩综合排名；或者通过横向比较某一时期的综合与分类财务指数，上市公司可以确定自己的财务业绩水平，明确自己在各行业、各板块中的地位，做好客观有效的定位。同样地，上市公司也可以构建个体财务指数，在纵向比较中确定自己的财务状况运行轨迹，判断自身资产营运和盈利能力等方面的发展变化趋势，找出变动原因，明确自身的不足和有待改进的空间，确定进一步努力改善的目标，制定公司未来的发展目标和规划，促进自身发展。

（3）有利于投资者和债权人作出决策

对于投资者和债权人，通过对综合财务指数的动态分析，有助于判断上市公司财务状况的走势与潜在投资价值，以及大盘的整体长期波动趋势。而通过对个股的财务指数横向比较分析，又有助于其做出理性的投资决策；投资者理性投资，又会使整个股票市场走势趋于理性，从而减少当前不仅是政府当局，也是广大投资者最为关注的股市泡沫问题。

（4）有利于其他一些理论与实务问题研究

上市公司财务指数的编制不仅对政府、企业、相关投资者等证券市场参与者有积极的实践意义，同时它的出现也为我们对一些理论问题的研究提供了一个有效的思路与途径。例如，我们可以考察上市公司整体财务指数与股票价格指数两者的关系，众所周知，股票投资的价值是源于上市公司良好的经营业绩与发展前景，其市场投资价值往往通过股票价格来衡量，而上市公司的经营业绩与发展前景又可以通过我们的财务指数来表现，考察两者关系的方向与疏密，可以分析研究我国股票市场的投资状态，是处于超买还是超卖，是理性投资为主还是投机为主，市场泡沫的大小等。又如，IPO 定价问题，目前常用的估值方式主要有收益折现法和类比法，而类比法主要是选择市盈率、市净率等指标进行参照，这样的处理显然有一定的缺陷，因为针对不同质量的公司，市场给予的评价也是不同的，因此我们可以考虑编制 IPO 公司的个体财务指数，并与对应的分类财务指数进行比较，判断该公司财务状况所处的位置水平，从而帮助我们确定一个更符合实际的市盈率。

以上这些应用，仅是笔者目前简单的设想，相信随着财务指数的成熟运行，其应用的范围还将进一步得以拓展。

2.3.3 财务指数构建的基本假设

众所周知，由于会计实务中存在着不确定性因素，在会计处理时难免运用判断和估计，这就需要先作一定的假定，即"会计假设"。同样，上市公司财务指数在具体编制过程中也会存在一些不确定因素，这可能会影响到财务指数的客观有效性，因此，为了对那些未经确切认识或无法正面论证的经济事物和现象，根据客观的正常情况或趋势做出合乎事理的假定，以保证科学研究的严谨性，是有必要的。

对于上市公司财务指数体系的研究，由于牵涉到利用会计报表中的数据信息来衡量财务状况，因此需要做出以下基本假设：

（1）会计信息真实、可靠，不存在虚假信息披露

上市公司财务指数是源于财务指标信息的综合提炼，而财务指标又是根据各公司公开报告中所披露的会计信息计算而来，因此，会计报表信息是上市公司财务指数体系的根本评价系统。这一系统的质量直接影响到上市公司财务指数系统研究的可靠性，只有这些公开披露的会计信息真实、可靠，上市公司财务指数系统的构建才具有意义；否则，也只是纸上谈兵，毫无研究和实用价值。

我国的证券市场，由于发展历史较短，各方面的法律法规

建设相对滞后，存在个别上市公司利用种种手段对财务报表进行粉饰，并提供虚假财务信息的情况，尤其是在证券市场发展的初期。随着市场制度的逐步完善，目前我国政府已先后制定并发布了数十项相关法规和制度，如《中华人民共和国会计法》《中华人民共和国证券法》《企业财务会计报告条例》《上市公司财务报表披露细则》等，并已形成证监会、证券交易所、注册会计师三方共同监督的上市公司信息披露监管体系，对我国上市公司信息披露质量有了一定保证。

在本书的研究中，我们假定我国上市公司公开披露的会计信息真实、可靠，不存在虚假披露，这是保证上市公司财务指数系统研究意义的最根本前提。

（2）不同时期、不同上市公司的各财务指标信息内涵基本一致

这一假设是为了保证不同时期、不同公司其财务指标的可比性，只有保证了可比性，我们编制的动态财务指数结果才具有意义。

伴随股票市场的建立发展，我国企业会计制度和企业会计准则也在逐步发展完善，从 1992 年颁布《企业会计准则》和《企业财务通则》起至 2005 年年底，我国先后颁布了 16 个具体会计准则，期间有的具体会计准则还进行了修订，如债务重组、资产负债表日后事项、现金流量表等；企业会计制度也经历了从 13 个行业会计制度、股份公司会计制度和外商投资企业会计制度统一为三个企业会计制度，即《企业会计制度》《小企业会计制度》和《金融企业会计制度》，还发布了《财务会计报告条例》和一些补充规定。到 2006 年 2 月，财政部发布了我国新会计准则体系，并要求上市公司自 2007 年 1 月开始实施。这些会计制度、会计准则的修订完善，对于进一步规范我国的资本市场，提高企业会计信息的质量，建立和完善企业制度，都发

挥了重要的作用，但是也不可避免地影响了不同时期上市公司会计信息的一致性。

而另一方面，根据我国企业会计准则相关规定，企业除遵守原则性的会计准则外，在规则方面，也存在自主选择的空间。虽然新会计准则的颁布，在一定程度上减少了企业执行相关会计规则准则的灵活性进而减少了不同上市公司之间会计处理方法的差异，但是由于会计准则和相关会计制度的不完全刚性，因此不同上市公司间会计处理方法的差异也必然存在。例如上市公司应收账款坏账计提比例的差异，固定资产折旧方法的选择，或有事项、关联交易的确认等，这些因素必然会影响到上市公司的经营成果和财务状况的表现。

以上谈到的两种情况，都可能影响到上市公司各财务指标的可比性，鉴于本书的研究主题和笔者的能力有限，在整篇文章研究中，我们假定这些影响微不足道，或者说各财务指标在不同时期、在不同上市公司之间，对上市公司财务状况的反映不会发生实质的改变，信息内涵保持一致。

2.3.4 财务指数系统的内容结构

上市公司财务指数系统如同股票价格指数体系，是一个可以囊括各种丰富信息的指数系统，包括用于追踪上市公司整体财务态势的指数，与用于追踪某一类特定上市公司财务运行态势的分类指数，并且这种分类的角度是多方面多层次的。总体说来，我们设计的上市公司财务指数系统主要包括以下几类指数：

（1）综合财务指数

该类财务指数用于全面反映我国上市公司整体财务态势。根据我国证券市场的有关规定，我国上市公司可以自主选择在上海证券交易所（以下简称上交所）或者深圳证券交易所（以下简称深交所）上市，所以我们编制的综合财务指数可以分为反映上交所主板的上市公司，与反映深交所主板的上市公司的综合财务指数，分别命名为"上证财务指数"与"深证财务指数"，进一步的还有"中小企业板财务指数"，以及"创业板财务指数"。除此之外，我们还可编制包括两交易所上市的所有公司的"综合财务指数"。这种分类可以帮助财务指数各方使用者了解不同上市地点与不同类型上市公司整体的财务态势、特征差异等。另外，我国企业经批准可以在海外交易所上市交易，由此我们可以编制各主要海外证交所上市的国内上市公司财务指数和海外证交所上市公司整体财务指数予以反映，但由于在海外证交所上市的我国企业数量有限，目前暂不将其纳入我国上市公司财务指数体系范畴。

（2）区域财务指数

该类指数分类标准是根据上市公司所属地对上市公司进行划分，分别以不同行政区域的上市公司为指数样本，反映各个行政区域的上市公司的财务态势，这种分类可以按照目前国家的行政规划的省、自治区、直辖市进行划分，也可以按照范围更广的区域进行划分，如华南、华北、华中、华东、西南、西北地区财务指数等，了解监测各个区域上市公司发展特点与差异，以规范各区域经济协调发展。

（3）行业财务指数

行业财务指数是根据上市公司其主营业务所属的行业分类，分别对其编制财务指数。关于上市公司的行业划分，我国证券市场建立初期没有统一的行业分类标准：上海交易所将上市公司分为工业、商业、地产、公用事业和综合五类；深圳交易所则分为工业、商业、公用事业、金融和综合五类。随着证券市场的发展，上市公司数量的激增，两交易所原有分类过粗，给市场各方对上市公司进行分析带来了很多不便。2001年4月证监会公布了《上市公司行业分类指引》（以下简称《指引》），对上市公司行业分类进行了重大调整。该《指引》是以国家统计局《国民经济行业分类与代码》为主要依据，借鉴联合国国家标准产业分类、北美行业分类体系的有关内容，结合我国经济发展和产业结构的现状而制定的。随着对该分类标准的适时调整，目前证监会（CSRC）的行业分类是将上市公司划分为22个大类，分别是农林牧渔业、采掘业、食品饮料业、纺织服装皮毛业、木材家具业、造纸印刷业、石油化学塑胶塑料业、电子业、金属非金属业、机械设备仪表业、医药生物制品业、其他制造业、电力煤气及水的生产和供应业、建筑业、交通运输仓储业、信息技术业、批发和零售贸易业、金融保险业、房地产业、社会服务业、传播与文化产业、综合类，有时为方便处理，又将食品饮料业、纺织服装皮毛业、木材家具业、造纸印刷业、石油化学塑胶塑料业、电子业、金属非金属业、机械设备仪表业、医药生物制品业、其他制造业统一归入制造业。我们编制的行业财务指数也将严格按照证监会的行业分类标准执行，这样编制出来的指数才能与证券市场其他行业指数具有相互对应关系。

特别需要说明的是，由于金融行业的特殊性，该行业的财务指标与一般非金融行业具有完全不同的特征表现，因此，更需要单独编制金融业财务指数。

（4）样本财务指数

与股票价格指数分类相对应，我们的财务指数系统不仅有综合财务指数，也包括样本财务指数体系。

这些特定上市公司样本的产生有很多选择。其一，我们可以根据目前最受市场关注的几类重要成分股指数，构造对应的样本财务指数，如分别对照沪深300指数、上证180、深圳成分指数、深圳100等股价指数的样本公司，构造我们的沪深300财务指数、上证180财务指数、深圳成分财务指数、深圳100财务指数等。其二，可以根据上市公司的营业总收入，选择构造收入前 300 家，或后 300 家等的财务指数，用以反映不同收入水平的企业财务特征。其三，可以根据上市公司市值规模不同，构造规模财务指数，如根据一定比例将上市公司的市值规模划分为大盘股、中盘股和小盘股等，对应构造大盘股财务指数、中盘股财务指数和小盘股财务指数等。其四，还可以根据各种投资概念、主题，形成各类概念、主题财务指数，如环保概念股财务指数、ST 股财务指数、新能源概念股财务指数、民企财务指数、治理财务指数等，以方便各类投资者比较分析。总之，样本财务指数的产生可以根据不同的研究目的，采取不同的分类角度，选择不同的上市公司作为财务指数编制的样本，形成多种多样的样本财务指数。

（5）类别财务指数

我们知道各财务指标对上市公司财务状况的反映，可以大致划分为五个方面，分别是：盈利能力、营运能力、偿债能力、现金流量能力、成长能力。各上市公司在这五个方面的财务表现并不总是均衡的，而此前的财务指数给出的是一个综合财务信息，没有去细化上市公司在不同方面的特征表现，对此我们可以分别编制盈利指数、营运指数、偿债指数、现金指数、成长指数，通过这些类别的财务指数，可以更加深入地分析上市公司的财务状态特征表现，给出更丰富的财务讯息以满足使用者的多种需求。

图 2 - 2 给出了上市公司财务指数系统的内容结构，如我们所谈到的，根据不同的研究目的，还有很多的分类角度，在此我们无法尽数列示。此外，不同的分类角度还可以进一步进行交叉，以获取更深入的财务信息，在此也不再赘述。

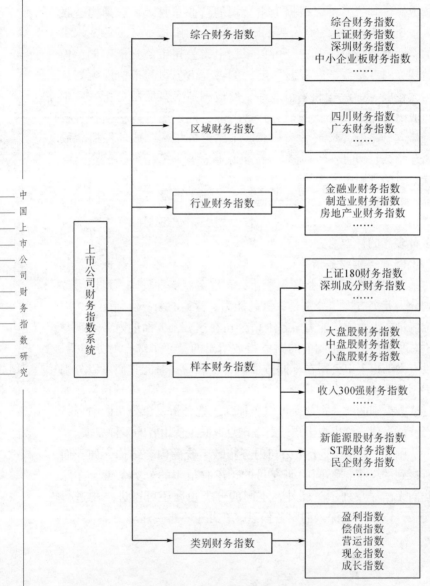

图 2 - 2　上市公司财务指数系统的内容结构

2.3.5 财务指数生成的基本流程

我们构建的上市公司财务指数是一个信息高度浓缩的指数系统，一方面它是对上市公司整体财务状况的综合反映，另一方面又是对财务状况动态走势的刻画，是一个包含不同时间、不同指标、不同对象的三维信息系统。上市公司财务指数的编制，因为评价对象的多样性，不可能是单纯的景气指数，或股票价格指数，或某类统计指数的复制，而不同公司、不同财务指标都不具备可加性。上市公司财务指数的具体编制，就是要采取一定的方法将研究问题层层分解降维，而后再将原始数据层层加工汇总。

概括说来，财务指数生成的基本流程包括财务指数系统的指标选取、指标赋权、财务指数的编制三大环节。其中，财务指标的选取，是基于一定的理论认识，选取具有重要意义的财务指标进入财务指数的构建系统，被选取的财务指标共同构成了财务指数的信息内涵；财务指标的赋权，是指对财务指数系统的各财务指标以一定方式进行赋权，权重的大小直接体现了指标在财务指数中的影响作用；财务指数的编制，是在指标选取与权重确定的基础上，对多指标信息进行汇总，并以一定形式进行动态对比，以得到最终的财务指数结果。整个基本流程如图 2-3 所示。

目前，关于上市公司财务评价体系的研究较多，成果也很丰富，在此我们需要在文献综述的基础上，总结出适合财务指数系统的财务指标的选取方法，以及各指标权重的确定方法。而财务指数的编制过程，具体包括两个方面的工作：一方面需要将被选取的财务指标的信息进行汇总，另一方面是动态指数的构造，这两个方面相互联系又相互影响，具体的解决方法有待我们后面的深入研究。在指数生成的整个流程中，指标选取

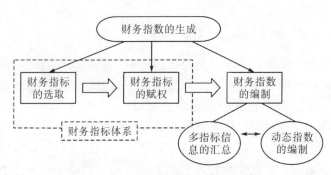

图 2 - 3　财务指数生成的基本流程图

是基础，指标赋权是关键，指数编制则是最终目的。

2.3.6　本书编制对象的说明

　　上市公司财务指数，顾名思义，其研究内容是我国上市公司的财务信息，因此，从总体上说所有上市公司都是我们的编制对象，由此得到的财务指数是信息最全面、最综合的。但是更多的时候，我们可能根据某一研究目的，专门考察某一类上市公司的财务状态，这样则需要编制某一特定的样本财务指数。如 2.3.4 节所示，上市公司从不同的角度有不同分类，出于不同的研究目的，财务指数的具体编制对象也会有多种选择。

　　这里需要指出的是，从研究内容的本身出发，我们有必要将上市公司区别为非金融类公司与金融类公司，因为这两类公司的财务数据的差异会直接影响到后续指标的选取与权重的确定，进而影响到财务指数的生成。

　　由于金融行业的特殊性，金融类上市公司很多财务指标的构成内容和评价标准与其他行业公司不具可比性，同时，两类公司的基本财务指标体系构成也存在显著差异，如金融类公司的资本充足率、非金融类公司的存货周转率等都是非金融公司没有的财务指标。因此，现有的学术研究在考察上市公司整体运作状况时，往往会直接剔除金融类公司，以便消除这一特殊行业的影响。而对于财务指数的编制，这一差异也会直接影响到两类公司评价指标的选取与赋权，因此，"财务评价体系的建立"这一环节需要对两类公司分别展开，然后在最后一个环节，再以某种形式进行汇总（如按照净利润占比进行加权），形成最终的综合财务指数。

金融类与非金融类公司的财务指数的编制过程，主要在评价指标选取与赋权部分存有差异，在指数的生成环节并无区别。由于笔者个人能力的限制，以及从更普遍的角度出发，本书暂以非金融类上市公司为编制对象，因此下文如没有特别说明，均是针对非金融类上市公司的财务指数构建展开，不再另外说明。

2.4　本章小结

本章给出了上市公司财务指数构建的基础理论——宏观经济景气理论与微观财务分析理论。经济景气理论为财务指数的构建提供了理论框架，而财务分析理论则是财务指数构建的理论依据，而进一步地，财务指数区别于目前财务评价和财务预警理论，是对传统财务分析的拓展与升华。

从这一基本观点出发，本章对财务指数的内涵与性质进行了界定：在财务意义上，财务指数具有财务综合评价的性质；在统计意义上，财务指数是具有质量属性的动态指数。进而本章明确了财务指数构建的目标、功能与作用：财务指数构建的目标是提供上市公司财务运行的综合性、动态性、系统性的信息；财务指数具有客观反映、动态监测、实时预警的三大功能；

财务指数信息将有利于政府宏观经济政策制定实施，有利于上市公司自我评价，有利于投资者与债权人作出决策，以及有利于其他一些理论与实务问题研究。

此外，本章还具体讨论了财务指数系统的其他基本构想：一是财务指数系统构建的基本假设，即上市公司的财务会计信息真实可靠，不同时期、不同上市公司的各财务指标信息内涵基本一致；二是财务指数系统的内容结构，包括综合财务指数、区域财务指数、行业财务指数、样本财务指数以及类别财务指数等；三是财务指数生成的基本流程，包括财务指标的选取、财务指标的赋权和财务指数的编制三大环节，指标选取是基础，指标赋权是关键，指数编制则是最终目的。

最后，本章对本书编制对象作了一个说明，由于金融行业的特殊性，需要将金融类公司与非金融类公司进行划分，分别讨论其评价指标的选取与赋权问题，本书暂以非金融类上市公司为为编制对象。

3

财务指数系统的指标选取

财务指数的信息内涵由财务指标来决定，而财务分析中财务指标数量众多，如何确定哪些财务指标进入财务指数的系统，这是财务指数生成的基础。依据上市公司的信息披露制度，我们可以公开地、广泛地获取各类财务指标，这使得财务指数的研究有了保障。在这一章里我们将讨论如何选取本书所需的财务评价指标。

3.1　文献综述

我们已探讨了在企业财务评价与财务预警两个领域的研究中，都是以各种财务指标作为研究的载体，或称为"研究的变量"。具体选取哪些财务指标构成评价主体或预测主体，会直接影响到研究结果的准确性。以下，我们分别分析在企业财务评价和财务预警两个研究领域，以及其他一些相关研究中，曾使用到的财务指标。

3.1.1　财务评价研究中的指标体系

（1）沃尔评分法

沃尔是财务综合评价的先驱之一，他将若干个财务比率用线性关系结合起来，以此评价企业的信用水平，这种分析方法称为沃尔分析法（Wall Analysis）。表 3 - 1 给出了沃尔评分法的具体指标与权重。

表 3 - 1　　　　　　　　　　沃尔评分法

财务比率	流动比率	权益乘数	资产/固定资产	存货周转率	应收账款周转率	固定资产周转率	净资产周转率	合计
权重%	25	25	15	10	10	10	5	100

沃尔评分法最主要的贡献就是它将互不关联的财务指标按照权重予以综合联动，使得综合评价成为可能。但是目前看来，该方法未能证明为什么要选择这7个指标，以及每个指标所占权重的合理性如何。分析表3-1，可见该方法仅从企业的偿债能力、营运能力、资产结构这三个方面来考察企业的财务状况，并按50：35：15来分配权重。显然，这一指标体系内容不够全面系统，没有纳入对企业的盈利能力及成长能力等方面的考核，也没有说明权重分配的依据，具有较大局限与不足。

（2）《商业周刊》的上市公司评价

美国《商业周刊》是全球销量第一的商业类杂志，其发布的"《商业周刊》50强排名"在实务界具有权威性与广泛的影响力。该排名的评价对象是纳入标准普尔500指数中的500家上市公司，根据8个指标的综合结果对500家上市公司加以排名。这8个指标分别为：当年的总收益、三年的总收益、当年销售总额的增长率、三年的销售总额增长率、当年的利润增长率、三年的利润增长率、当年的净利润、当年的净资产收益率。可见《商业周刊》的评价更看重的是收益，关注经济总量以及它的成长性，而对其他方面较少考虑。

（3）我国《企业效绩评价操作细则》的财务评价

财政部曾于1995年公布了一套企业经济效率评价指标体系。该体系包括10个指标——销售利润率、总资产报酬率、资本收益率、资本保值增值率、资产负债率、流动比率、应收账款周转率、存活周转率、社会贡献率、社会积累率。该体系评价方法是：以行业平均值为标准值，根据企业财务报表，分项计算10项指标的实际值，然后加权平均得到综合实际评分。随着国民经济的不断发展，该体系也经历了1997年、1999年两次修正与改革，于1999年6月财政部、国家经贸委、人事部和国家计委联合发布了《国有资本金效绩评价规则》与《国有资本金效绩评价操作细则》等文件，确立了国有资本金绩效评价体系。经过三年实践和不断总结经验，2002 年 2 月国家财政部、经贸委、中央企业工委、劳动和社会保障部、国家计委又联合颁布了《企业效绩评价操作细则（修订）》。

该评价规则提出的企业效绩评价体系包括基本指标、修正指标和评议指标三个层次共 28 项指标，运用功效系数法计分，指标权重采取专家意见法予以确定，其中计量指标权重为 80%，非计量指标权重为 20%，具体评价指标体系如表 3－2：

表 3－2　《企业效绩评价操作细则（修订）》的评价体系

评价内容	权数	基本指标		修正指标		评议指标	
		指标（%）	权数	指标（%）	权数	指标（%）	权数
财务效益状况	38	净资产收益率 总资产报酬率	25 13	资本保值增值率 主营业务利润率盈余 盈余现金保障倍数 成本费用利润率	12 8 8 10	经营者管理素质 产品市场占有率 基础管理水平 发展创新能力 经营发展战略 在岗员工素质 技术装备更新水平 综合社会贡献	18 16 12 14 12 10 10 8
资产营运状况	18	资产周转率 流动资产周转率	9 9	存货周转率 应收账款周转率 不良资产比率	5 5 8		
偿债能力状况	20	资产负债率 已获利息倍数	12 8	现金流动负债比率 速动比率	10 10		
发展能力状况	24	销售增长率 资本积累率	12 12	三年资本平均增长率 三年销售平均增长率 技术投入比率	9 8 7		
合计	100		100		100		100

基本指标是评价企业绩效的核心指标，由反映企业财务效益状况、资产营运状况、偿债能力状况、发展能力状况的四类八项计量指标构成，用以产生企业绩效评价的初步结果；修正指标用以对基本指标形成的初步评价结果进行修正，以产生较为全面、准确的企业效绩基本评价结果；评议指标是用于对基本指标和修正指标评价形成的评价结果进行定性分析验证，以进一步修正定量评价结果，使企业效绩评价结论更加全面、准确。

可见，《企业绩效评价操作细则（修订）》的评价系统较沃尔评分法有了很大的进步，内容全面，层次清晰，具有很强的操作性，结果也较客观合理。其不足之处：第一，没有考虑企业的现金流量能力，而这一能力是正确评价企业当前及未来的偿债能力和支付能力，发现企业在财务方面存在的问题，正确评价企业当期及以前各期取得的利润的质量的重要参考标准；第二，该评价体系中纳入了非计量指标——评议指标，作为对基本指标和修正指标评价结果的补充验证，具有较好的效果，但是这类指标的得分在实际操作中难以保证其客观性与可比性；第三，该评价体系也没有明确说明各指标权重的确定依据；第四，评价指标的参照水平由财政部定期颁布，但是没有具体说明这些对比标准值是如何得到的，而我们知道财务指标是难以明确其最优水平值的。

（4）《中国证券报》的上市公司业绩评价

自1996年起，《中国证券报》与中国诚信证券评估有限公司合作，每年对上市公司的业绩进行综合评价，并出版《中国上市公司基本分析》一书。其评价方法为综合指数法，选取的指标及权重具体如表3-3：

表3-3　　　　中国诚信公司业绩评价财务指标体系

指标	净资产收益率	资产总额增长率	利润总额增长率	负债比率	流动比率	全部资本化比率①
权重	55%	9%	13%	7%	7%	9%

显然，该评价指标体系构造相对简单，只包含了6个财务比率，从企业的盈利性、成长性、偿债能力方面进行了考核，每个方面只用一至两个比率来概括，不管是评价的宽度还是深度都还有不足；并且净资产收益率的权重占到一半以上，对评

① 全部指标化比率 $= \dfrac{长期借款 + 短期借款 + 应付债券}{长期借款 + 短期借款 + 应付债券 + 股东权益} \times 100\%$

价结果起到绝对影响作用。此外，如何对指标赋权依然未知。

此外，《中国证券报》还与清华大学"中国企业研究中心"共同研究开发了上市公司绩效评价体系，对我国上市公司的财务绩效进行综合评价。该体系主要关注上市公司的经营状况和发展能力，同时也考虑上市公司的偿债能力和本年度运营状况改善的效果。具体评价指标及权重如表 3 - 4：

表 3 - 4　《中国证券报》和清华大学中国企业研究中心的评价体系

类别	指标	相对权重	绝对权重
盈利能力（40%）	净资产收益率	30%	12%
	净资产经常性收益率	30%	12%
	总资产报酬率	20%	8%
	投入资本经营收益率	20%	8%
偿债能力（20%）	流动比率	20%	4%
	强制性现金支付比率	30%	6%
	现金流动负债比率	30%	6%
	资产负债率	20%	4%
成长性（30%）	三年主营业务平均增长率	20%	6%
	三年利润平均增长率	30%	9%
	三年资产平均增长率	20%	6%
	三年资本平均增长率	10%	3%
	销售增长趋势	10%	3%
	利润增长趋势	10%	3%
运营改善效果（10%）	主营业务利润率	10%	1%
	流动资金周转	10%	1%
	总资产周转	30%	3%
	存货周转	30%	3%
	应收账款周转	20%	2%

这一评价指标体系从以上四个方面对企业财务状况进行了充分考核，但仔细分析可见，同一类别下的财务比率较多，虽然信息丰富，但相关性较强，信息重复；并且该指标体系同样

没有考虑企业的现金流量能力两个方面的财务状况。

（5）中联财务顾问公司的上市公司业绩评价

从 2001 年起，中联财务顾问有限公司与财政部合作，成立了"中国上市公司业绩评价课题组"，每年出版《中国上市公司业绩评价报告》。该评价系统由财务效益状况、资产营运状况、偿债能力状况以及发展能力状况四部分构成，包括基本指标和修正指标两个层次共 21 项指标。具体如表 3－5：

表 3－5　　　　　中联上市公司业绩评价指标体系

评价指标		基本指标（8）		修正指标（13）	
评价内容	权数	指标	权数	指标	权数
财务效益状况	36	加权平均净资产收益率（%） 主营业务利润率（%）	22 14	总资产利润率（%） 盈利现金保障倍数 股本收益率（%） 规模系数	10 7 7 12
资产营运状况	18	总资产周转率（次） 流动资产周转率（次）	8 10	应收账款周转率（次） 存货周转率（次）	10 8
偿债能力状况	18	资产负债比率（%） 现金流动负债率（%）	10 8	速动比率（%） 有形净值债务率（%）	10 8
发展能力状况	28	主营业务增长率（%） 资本扩张率（%）	16 12	累计保留盈余率（%） 三年主营业务平均增长率（%） 主营业务鲜明率（%） 主营业务利润率增长率（%）	8 6 8 6

可以看到，该评价指标体系主要脱胎于《企业效绩评价操作细则》，其层次安排是一致的，只是对具体的评价指标作了部分调整，并删掉了难以客观计量的"评议指标"，对指标权重的确定依然没有说明。

综上所述，以上这些财务评价指标体系不论是在内容范围方面，还是在指标选择的代表性方面，都存有一定的局限。此外，以上这些评价体系均没有对指标的赋权予以明确说明，其确定的依据不甚清晰，从而使得评价指标体系的公信力得以下降。关于权重的问题，我们将在下一章再予以详细分析。

3.1.2 财务预警研究中的指标体系

基于重要性这个性质的考虑，我们的财务评价指标体系也要参考财务预警的研究。有效的财务预警指标，不仅能反映企业财务状况，还具有财务报警的作用，这对于我们编制财务指数来说就更具有意义了，本书编制的财务指数不仅期望用于反映上市公司整体财务态势，更希望能对微观企业单位具有财务预警的作用。

关于财务预警研究中，较为经典的研究结论有：比弗（1966）建立的单变量财务预警模型，发现最好的判别变量是"现金流量/负债"和"净利润/总资产"。奥尔特曼（1968）的Z Score 模型，其指标体系包括"营运资本/总资产"、"留存受益/总资产"、"息税前收益/总资产"、"股票市值/债务的账面价值"、"销售收入/总资产"五个财务比率。奥尔特曼等（1977）修正了 Z 模型，在原有 5 个财务指标的基础上加入了公司规模与盈余稳定性两个变量。沃尔森（Ohlson，1980）首次采用 logit 方法进行破产预测，它发现至少存在四类影响公司破产概率的变量：公司规模、资本结构、业绩和融资能力。

国内学者中，周首华等（1996）提出的 F 分数模型中，包括的指标有"营运资金/总资产"、"留存收益/总资产"、"利润/负债总额"、"市值/负债总额"、"息税前利润/资产总额"。陈静（1999）研究发现"资产负债率"、"流动比率"、"总资产收益率"、"净资产收益率"四项指标的预测能力较强。张玲（2000）财务预警研究中用到"资产负债比率"、"营运资金/总资产"、"总资产利润率"、"留存收益/资产总额"四个指标。陈晓（2000）运用 logit 模型，结果表明："负债权益比"、"应收账款周转率"、"主营业务利润/总资产"、"留存收益/总资产"四个比率具有较强的预测能力。高培业、张道奎（2000）多元线性回归模型选用了"留存收益/总资产"、"息税前收益/总资产"、"销售收入/总资产"、"资产负债率"、"营运资本/总资产"作为预测变量。吴世农、卢贤义（2001）选取了"盈利增长指数"、"资产报酬率"、"流动比率"、"长期负债/股东权益"、"营运资本/总资产"、"资产周转率" 6 个指标作为多元判定分析的变量，另外"盈利增长指数"、"资产报酬率"和"长期负债比率"作为罗吉斯（logistic）模型的预测变量，预测能力最强。杨淑娥、王乐平（2007）从企业的资产流动能力、资产管理能力、偿债能力、公司盈利能力、成长能力、主营业务鲜明程度六个方面选取了 23 个指标作 BP 神经网络的上市公司财务危机预警，刘新允（2007）也类似地选择"流动比率"、"速动比率"、"总资产周转率"、"存货周转率"、"应收账款周转率"、"资产负债比率"、"已获利息倍数"、"净资产收益率"、"销售利润率"、"销售增长率"、"净资产增值率"和"总资产增长率" 12 个指标作为神经网络的财务危机预警。

综上所述，我们可以看到在财务预警研究中，其预警变量的选择存在一定重复性。基于此，我们对以上提到的这些文献使用到财务比率进行汇总整理，统计其出现的次数。表 3－6 列出了使用次数在三次以上的财务指标，这或许对我们构建财务评价指标体系能给予一定的启示。

表 3－6　　　　财务预警研究中的指标使用情况[①]

指标名称	使用次数	指标名称	使用次数
总资产收益率	6	息税前收益/总资产	4
留存收益/总资产	6	流动比率	4
营运资本/总资产	5	产权比率	3
资产负债	5	应收账款周转率	3
净资产收益率	4	资产周转率	3

[①]　对文献原文中命名不同，但实质内容相同的比率进行了合并，并选择较通俗的名称表示。

3.1.3 其他相关文献

昆 H. 和托马斯 A.（Kung H. & Thomas A. , 1981）指出研究中用到的许多财务比率都是高度相关的，他们通过对一些研究文献的研究结果进行比对，得出的结论是：有力的证据显示，财务比率可以被分组归类为 PMC 和 PEMC[①] 定义的七个因素（factor）——投资回报（return on investment）、财务杠杆（financial leverage）、资本周转（capital turnover）、短期流动性（short - term liquidity）、现金头寸（cash position）、存货周转（inventory turnover）、应收账款周转（receivables turnover），并且在反映企业获利方面，资产报酬率、息税前利润/销售收入、净资产收益率、总资产收益率代表性最强；反映企业资产流动性方面，现金及现金等价物周转率、总资产周转率、流动资产/总资产、流动比率这四个指标代表性最强。

查尔斯（Charles, 1982）认为财务比率是反映重要财务信息的有效工具，投资者通过这些比率可以评价企业在流动性、信用状况、收益性等各方面的表现，公司则可通过各类报告或公告，有效地对外公布这些财务数字，传递公司经营讯息。查尔斯通过收集整理来自于 1979 年财富 500 强中的 100 家公司的各类报告，统计了在这些诸如股东报告、审计报告、董事会报告等各类报告中出现的财务比率及次数，具体结果如表 3 - 7 所示。可见，查尔斯研究整理出的这些财务指标，传递着企业的重要财务讯息。

---

① PMC 为 Prinches, Mingo and Caruthers（1973）；PEMC 为 Prinches, Eubank, Mingo and Caruthers（1975）.

表 3 - 7　　查尔斯整理的年度报告中包含的财务比率①

指标名称	使用家数	出现次数	指标名称	使用家数	出现次数
每股收益	100	307	产权比率	19	24
每股股利	98	285	总资产收益率	13	22
每股账面价值	84	147	股利支付率	13	15
营运资本	81	142	毛利率	12	15
净资产收益率	62	122	税前收益率	10	17
边际收益	58	92	总资产周转率	7	9
实际所得税率	50	57	市盈率	7	7
流动比率	47	66	营运利润率	7	10
资产负债率	23	40	每小时工资	5	9
资本报酬率	21	29			

3.2　财务指数系统指标选取的思路

3.2.1　指标选取的方法与比较

如何科学地选取指标构建评价体系，理论界并没有一个公认的、完整的方法，不过也有部分学者在这一领域做出了相关的研究。

邱东（1991）最早在这个领域做出较全面的研究，他将指标的选取方法分为定性和定量两大类，指出定性选取指标的五点注意：一是评价的目的性；二是评价的全面性；三是评价的可行性；四是评价的稳定性；五是注意选取指标与所用评价方法的协调性。对于定量方法，邱东指出可以使用条件广义方差

① CHARLES GIBSON. Financial Ratios in Annual Reports［J］. The CPA Journal，1982（9）：19.

最小原则，以及选择典型指标法。

定性的选取指标，如何具体的分析操作，主要取决于研究的论题，以及研究者对问题的理解认识，其结果不可避免地体现了研究者的主观认识，所谓仁者见仁智者见智，因此，定性地选取指标，其评价结果的公认性往往会受到一定影响。

对于定量选取指标，理论界已有一些研究成果。张尧庭、张璋（1990）提出用数理统计方法选取指标，包括逐步判别分析、系统聚类与动态聚类、极大广义方差法、主成分分析法和极大不相关法等，并对他们的特点进行了分析。王庆石（1994）提出了"消除指标重叠信息"的复相关系数法、多元回归法、逐步回归法，但这些方法主要是针对存在因变量资料的情况，在一般的评价问题中并不能适用。邱东、汤光华（1997）提出了一种解决指标代表性和全面性兼顾的方法，其处理思路是先用聚类分析将候选指标群划分为若干类，再用相关系数法等统计方法从每一类中选择若干有代表性的指标。王璐、庞皓（2007）在此基础上进一步提出了更为完善的处理方式：在每个方面中的指标群进行非参数 Kruskal – Wallis 检验，将没有显著性差异的指标归为一个子类，再从每个子类中选择代表性最强的指标来反映该子类的属性，最后将每个方面各子类代表性最强的指标联合起来，构成理想的综合评价指标体系。刘奇、马若微（2006）应用粗糙集的属性约简原理，以 2001 年全部 A 股年度财务报表作样本，最后筛选得到 23 个比率指标。

总的来说，定量选取方法是从数据特征出发，能够较好地平衡指标选取的全面性和代表性问题，避免了研究者对问题认识的局限性，也降低了评价结果的主观性和可操作性，但是这一方法也有其不足之处：一是定量方法只单纯从指标数值特征入手，而抛开了指标本身的经济内涵，忽略了指标的经济意义；二是定量方法得到的选取结果会受到样本数据随机性的影响，结果往往处于变动之中。

3.2.2　指标选取的思路

正如上文所讲，指标的定量选取能避免结果的主观随意性，但是也存在很大的局限性：只单纯从指标数量特征入手，而忽略指标的经济重要性，得到的选取结果会受到样本数据随机性的影响。除此而外，本书所编制的财务指数，其特点也制约了我们采用这一方法：

第一，我们的财务指数是动态的，是上市公司各期财务状况与某一特定时期的财务状况的比较，只有保证了财务指标的一致性，两个时期的财务状况比较才会有意义。以上的定量处理方法，是根据某一时期的样本数据分析得到的，而不同时期的财务指标，其样本数据必然有差异，从而不同的时期就会得到不同的选取结果。如果固定只用某一期的选取结果，则会影响到其他时期指标选取的代表性，而每期用不同的选取结果势必又会影响财务指数本身的稳定性与可比性，这都是不可取的，这也是定量选取方法使用的最大局限。

第二，以上的定量选取方法，为了保证数据的最大代表性，往往用数值波动较大的指标替代波动不大的指标，但是这样的结果在经济意义上却很难解释，特别是对于已经发展很成熟的财务分析指标体系，其得到的结果乃至最终的结论可能会与大众普遍的认识相悖。

第三，财务指标的信息重叠性本身是不可避免的，这源于构成这些指标的会计数字之间的丰富内在联系，财务报表中的数字本身就存在一个相互勾稽的关系，必然会使各类指标在信息上存有交叉，为了保证指标的代表性，必然会损失掉部分的信息充分性和重要性，而这些重叠的信息可能也正是重要性的体现。

但是完全定性地选取指标，选取结果不可避免地会受到研究者视角与认知的限制，带有较强的主观性，结论也难以得到普遍的公认。

因此，基于以上所述的原因，本书的财务指标选取试图将定性选取与客观调查相结合，以期能够得到一个经济含义既明确，又能得到公众普遍认可的指标体系。具体的指标选取思路见图3-1。

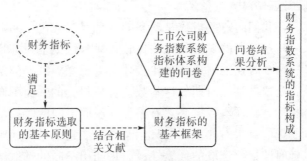

图3-1　财务指标选取的思路

首先，基于一定的理论认识与财务指数的特点，明确财务指数系统所包含的财务指标类别。

其次，提出财务指标选取的基本原则，在满足基本原则的基础上结合相关文献的结论，给出财务指标的基本框架。

最后，以财务指标的基本框架为指标选取的范围，开展题为《上市公司财务指数系统指标体系构建的问卷》（以下简称《指标体系构建问卷》）的调查活动，根据调查结果分析，得到财务指数系统的指标构成。

3.3 财务指标的基本框架

3.3.1 指标类别的确定

前文我们已明确，财务指数隶属于财务分析的范畴，财务指标则是进行财务分析的重要工具。对于财务指数，财务指标是构成财务指数具体内容的各个基础元素。

财务指标根据其经济内涵，分别反映了企业某一方面的财务信息，目前在财务分析评价中常用的指标类别包括盈利能力指标、偿债能力指标、营运能力指标、成长能力（或发展能力）指标、现金能力指标、社会贡献指标等方面。

前面的文献综述中我们看到，不同的财务评价系统所选取的指标有相似之处又各有侧重，那本书的财务指数系统的指标体系究竟应包含哪些类别的财务指标，笔者认为应遵循这样的思路：

（1）依据我们的研究目的来确定。本书编制的财务指数，是为使用者提供有用信息。财务指数的目标使用者包括上市公司、企业债权人、股票投资者、政府等部门，作为股票投资者，除了关注企业的盈利状况外还关注企业的未来成长性；作为企业债权人，肯定最关心企业的偿债能力，进一步地就关注企业的营运状况、现金流量；作为政策部门，需要根据财务指数提供的信息，进行相应的宏观政策调控，则会更关注不同行业企业的盈利能力、营运状况以及成长能力；作为上市公司自身，则更需要从各个角度评估自己的财务业绩水平，明确自己在各行业、各板块中所处的地位。总的来说，企业的盈利能力、资产营运状况、偿债能力和成长状况是企业最重要的财务信息，直接体现了企业运转的状况。

(2) 尽量避免受外部环境影响而非企业本身财务状况决定的指标。这类指标主要集中于上市公司的股票市场表现类指标,比如市盈率、市净率、每股净资产、每股收益等,这类指标不仅易受到整个股票市场价格波动的影响,还与股票的发行量直接相关,如当公司进行股票拆分等,其财务能力并没有发生本质变化,却会对这类指标产生直接影响,因而对于这类指标也应该剔除。

(3) 非财务指标暂不纳入。虽然在企业绩效评价中财务报表外的数据受到越来越多的关注与重视,但是笔者认为这类指标目前不应纳入我们的评价体系,原因主要有:一是非财务指标往往作为财务报表外资料予以提供,其计算口径、计算方法、报告频率等都是非标准的,因而难以满足具有长期稳定结构的财务指数编制的需求。二是财务指数的本质是企业财务状况而非其他,从这一角度考虑,这类指标也不应纳入财务指数的评价体系之中。比如,社会贡献指标反映的是公司社会责任履行状况,并没有直接衡量公司的传统财务能力,为了突出财务指数编制的根本目标,我们不考虑该类指标,不过这类指标的内容则是我们后续的"特定财务行为指数"的研究范畴。

综上所述,本书研究的上市公司财务指数系统的指标类别最终包括盈利能力、偿债能力、营运能力、现金流量能力和成长能力这五类财务能力。

3.3.2 指标选取的原则

根据财务报表,每一类别下可以得到的财务指标数量众多,在此,我们需要建立一个指标筛选标准,构造一个财务指标选取的原则,才能从众多的财务指标中选出具有重要经济意义,又符合财务指数编制要求的指标。基于这样的目标,选取的财务指标应该遵循以下八点原则:

（1）全面性

财务指数是对上市公司财务状况的综合反映，其所包含的指标应该全面系统，具备高度的概括能力，能反映上市公司整体最本质、最重要的特征。在指标形式上，财务指标的选取应注重数量指标和质量指标相结合，时期指标和时点指标相结合①。

（2）数量性

数据根据计量层次分，可划分为定性数据和定量数据，而定性数据居于计量层次最低阶段，其数学性质有限，难以进行深入的统计分析。我们的财务指数，其编制与应用必然都是建立在定量分析的基础之上，因此必须以定量数据为基石。总之，我们所选择的财务指标，其表现应当是数量性的，并且应当是可测的。

（3）可获取性

上市公司的财务信息有很多，包括可被公众公开获取的和仅供内部或相关部门获取的信息。由于上市公司财务指数要能够公开向社会公众发布，具有广泛性与公正性，因此，作为指数构建所必需的财务指标也必须能够公开并重复收集，才便于广大研究者能够通过同样的方法演绎验证，确保财务指数的公正实用性。因此，基于信息的可获取性及可重复收集性这一原则，我们的数据只能来源于各上市公司公布的各期财务报表。

（4）可比性

我们的财务指数要反映上市公司财务状况的长期走势，因此要求不同时期的财务指标具有可比性。所谓可比性，即要求指标在计算口径、范围和计算方法等方面满足一致性的要求。但是不可避免地，在我国证券市场发展的这十多年里，我国的企业会计准则发生了几次变化，这必然会影响到上市公司各时期财务指标的可比性，在本书中，我们假设这些变化不足以改

---

① 在统计学里常将总量指标划分为时期指标和时点指标，在会计学里有时又称作流量和存量，常对应动态要素和静态要素。

变财务状况的基本特征。此外，某些财务指标在不同的行业、不同规模的企业，其最佳取值存在一定差异，由于在构建综合财务指数时，会囊括不同行业或规模的公司，这就要求我们建立的指标体系尽量避免出现这一类指标。

（5）灵敏性

不同的指标变化特征，对财务状况变动的反映是有差异的，有的灵敏，有的迟钝。应选择那些能及时捕捉财务运行变动方向且可信度较高的指标来进行监测和预警。

（6）重要性

每一个指标在反映企业某一方面的财务状况时，其重要性并不相同，我们选取的指标应该是对于反映企业财务特征有重要地位和重大影响，并被广泛认可关注的这类重要指标，或者说应该选取蕴含了重要财务信息的指标。

（7）代表性

由于各财务活动是相互联系、相互影响的，各财务指标之间的关系往往也并不相互独立，而是相互联系、相互制约的，故指标间存有一定的可替代性。利用这种关系，选择有较强代表性的指标，可减少工作量，避免重复评价，这也是统计综合评价对指标体系构建的基本要求——广覆盖面与最小集——的具体表现。在财务报表中，会计数字之间存在着相互勾稽平衡，某些财务比率尽管是反映企业财务属性的不同方面，但是其分子分母却存在着完全相关性，完全可由其中某个比率变换计算形式得到另一个比率，对于这种类型比率，适当选择其一纳入财务指标体系即可。

（8）可靠性

财务指标的可靠性会直接影响到我们财务指数的可靠性，也就影响到本书分析研究与结论的可靠性，因此我们选取的财务指标必须具备可靠性。目前，证监会有严格的上市公司信息披露管理办法，这是对上市公司公布的财务指标的可靠性的良好保障。当然我国证券市场中出现过一些上市公司不规范操作、虚报、瞒报等事件，此外，企业的盈余管理活动等也会影响到财务指标的具体表现，但是由于笔者能力有限，本研究不在这一方面作讨论，而是假定通过上市公司公开披露的各期财务报表获取的财务信息是建立在真实可靠和充分披露的基础之上的。

3.3.3　财务指标的基本框架

　　基于前面的理论分析，本书编制的财务指数指标体系应该要包括企业的盈利能力、营运能力、成长能力、偿债能力、现金流量能力这五大方面。而在每一个方面下，具体纳入哪些指标构成基本框架，则主要依据前面提出的八点原则，以及重点考虑纳入在财务预警研究与其他相关文献中，具有重要意义的财务指标。

　　值得注意的是，前文我们讨论的一类非财务指标，就指标的选取原则，也往往不能满足这些要求，如不能满足对指标的数量性、可重复获取性、不同公司、行业间的可比性等要求，因而也再次证明这类指标不能纳入财务指数指标体系之中。

　　由此，我们得到了本研究的财务指标基本框架，具体见表3－8。

表3－8　　　　　　　　　**财务指标的基本框架**

类别	指标	具体计算公式①
盈利能力	净资产收益率 总资产净利润率 资产报酬率 营业利润率 流动资产净利润率 边际利润率	净利润/平均净资产 净利润/平均资产总额 （利润总额＋财务费用）/平均资产总额 营业利润/营业收入 净利润/流动资产平均余额 （固定成本＋利润）/销售收入

---

　　①　涉及时点指标求平均，均采用"（该指标期初余额＋该指标期末余额）／2"的计算形式求得，如平均净资产、平均资产总额、应收账款平均占用额、流动资产平均占用额等。

表 3-8（续）

类别	指标	具体计算公式
偿债能力	流动比率 速动比率 现金比率 营运资金比资产 营运资金比净资产 资产负债率 所有者权益比率 流动资产比率 利息保障倍数 权益对负债比率	流动资产/流动负债 （流动资产－存货）/流动负债 现金及现金等价物期末余额/流动负债 （流动资产－流动负债）/资产总额 （流动资产－流动负债）/净资产 负债总额/资产总额 股东权益合计/资产总额 流动资产合计/资产合计 （利润总额＋财务费用）/财务费用 股东权益/负债总额
营运能力	存货周转率 固定资产周转率 应收账款周转率 流动资产周转率 总资产周转率 长期资产周转率	营业成本/存货平均占用额 营业收入/固定资产平均净额 营业收入/应收账款平均占用额 营业收入/流动资产平均占用额 营业收入/平均资产总额 营业收入/长期资产平均余额
现金流量能力	营业收入现金比率 资产的现金流量回报率 盈余现金保障倍数 销售现金比率 现金流量对流动负债比	经营活动产生的现金流量净额/营业收入 经营活动现金净流量/期末资产总额 经营活动现金净流量/净利润 经营活动现金净流量/销售额 经营活动现金流量净额/流动负债
成长能力	总资产增长率 固定资产增长率 营业收入增长率 净利润增长率 资本保值增值率	期末总资产/上年期末总资产－1 期末固定资产/上期末固定资产 本期营业收入/上期营业收入－1 本年净利润/上年净利润－1 期末股东权益/上年期末股东权益

当然由于会计数字之间的丰富内在联系，这些指标与指标的差异并不是绝对的，其对某一方面的财务状况反映也不是孤立的，所以，一个企业财务状况的各方面表现本身也是相互联系相互制约的。以上的财务指标的基本框架只是一个粗略的结

果，据此，我们将展开问卷调查，以最终得到财务指数系统的指标选取结果。

3.4 财务指标的选取——问卷调查的结果分析

3.4.1 问卷的设计与调查

（1）调查的目的

此次开展题为《上市公司财务指数系统指标体系构建问卷》（以下简称《指标体系构建问卷》）调查活动，其目的是确立一套适合上市公司财务指数编制的财务指标体系，以及各财务指标所对应的专家权重。

（2）调查方法、对象与实施

此次《指标体系构建问卷》采用专家调查法，以问卷作为调查的载体，调查对象为这一领域的相关学者与实务工作者。在实际操作中，由于笔者个人能力与时间有限，此次调查的具体对象由西南财经大学会计学院的部分教师，以及部分财务管理岗位任职的在职研究生组成，实际参与调查的共计47人，有效问卷44份，有效率高达94%。调查的时间为2008年10月20日至2008年11月7日。

（3）调查内容的阐释

《指标体系构建问卷》的调查内容分为两大部分，第一部分是被调查者的基本概况，包括被调查者的性别与专业，工作年限、从事行业等，以了解不同背景下的专家对该问题的认识差异。第二部分是问卷调查的主要内容，是以3.3.3节的"财务指标的基本框架"为蓝图，具体调查了各位专家对各类别财务状况以及各类别下的基础指标重要程度的认识。对重要性的描

3
财务指数系统的指标选取

述，问卷是将其程度区分为五级，从"一般重要"到"非常重要"，为避免文字理解上的偏差，问卷是以"1~5"分来表示重要程度的差异，分值越高表示重要程度最高。此外，为限制各类别下财务指标构成的个数，问卷要求被调查者对挑选出各类别下相对最重要的指标来予以评价，目的是使结果更有效以及指标体系更精炼。详细调查内容请见本书附录"1 上市公司财务指数系统指标体系构建的问卷"。

（4）调查结果的分析

3.3.1 节已明确财务指标体系包括盈利能力、偿债能力、营运能力、现金流量能力以及成长能力五个方面，根据问卷调查结果，分别从被调查者对各类别的基础指标的重要性评分高低，以及各基础指标被评分状况两个方面进行了结果分析，以得到最终的评价指标构成。本书均采用 SPSS 统计软件进行处理，统计表和统计图是经过整理后在 office 里绘制的。

3.4.2 偿债能力的指标

偿债能力下有如下的财务指标，基本调查结果为：

表 3－9　　　　　偿债能力指标重要性得分概况

指标	评价人数	众数	中位数	均值	均值
流动比率	26	0	3	2.20	2.030
速动比率	28	0	3	2.45	2.017
现金比率	32	4	4	3.02	2.017
营运资金比资产	10	0	0	0.91	1.750
营运资金比净资产	17	0	0	1.59	2.072
资产负债率	32	5	4	3.00	2.046
所有者权益比率	9	0	0	0.95	1.928
流动资产比率	8	0	0	0.64	1.399
利息保障倍数	24	0	2.5	2.00	1.977
权益对负债比率	11	0	0	1.05	1.880

由上可知，偿债能力下十个指标的重要性得分，不论是从众数、中位数还是均值来看，都有很明显的集中趋势："现金比率"与"资产负债率"被认为是最重要的信息，而对其余指标重要性的认识均没有形成共识，其中"流动比率"、"速冻比率"、"利息保障倍数"重要性相对次之，剩下的五个指标被挑选出予以评价的次数均没有过半，表现为中位数是零。

我们根据重要性得分状况，可以将评价指标划区分为三个档次：第一个档次的指标是被调查者对其重要性的评级具有共识，其重要性得分是最高的一类指标；第二个档次的指标是被调查者选出，并予以评价的次数超过一半，其重要性得分次于第一个档次；第三个档次的指标，其被选出予以重要评价的频数均没有过半，因而相对来说重要程度是最低的一类指标。对于问卷调查结果中的指标重要性的划分思路，在下述的其他类别指标分析中都是同样定义，下文不再另外说明。

图3-2、图3-3即是偿债能力下，具体各档次指标得分的详细情况图示。

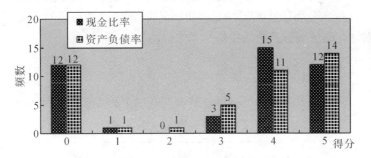

图3-2　现金比率和资产负债率得分情况

偿债能力下，第一个档次的指标包括现金比率和资产负债率。可见两者被评价的比重都占到了72.7%，其重要性得到了普遍认可。绝大多数的被调查者认为现金比率的重要性在4级，资产负债率的重要性在 5 级，不过两者重要性得分的均值并无明显差异。

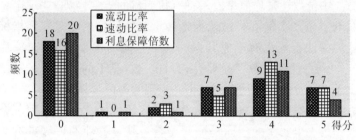

图 3 - 3　　流动比率、速动比率、利息保障倍数得分情况

　　第二个档次的指标包括流动比率、速动比率和利息保障倍数，三个指标的评价都主要集中在"重要 4 级"，但得分的分布情况各不相同，其中：速动比率的集中趋势相对显著，得分相对较高，其给予评价在重要 4 级以上的调查者有 45.4%；对于流动比率和利息保障倍数，给予评价在重要 4 级以上的调查者分别有 36.4% 和 34.1%，得分的均值分别为 2.2 和 2.0。

　　最后剩余了五个指标是第三个档次的指标，因将其选出评价的人数均没有过半，在此不再做详细分析，并且我们也将其剔除在财务指数系统的指标体系之外。

3.4.3　营运能力的指标

　　营运能力下有如下指标，基本调查结果为表 3 - 10 所示：

表 3 - 10　　　　营运能力指标重要性得分概况

指标	评价人数	众数	中位数	均值	标准差
应收账款周转率	41	5	5	4.16	1.380
存货周转率	40	4	4	3.82	1.451
流动资产周转率	27	0	3	2.50	2.085
固定资产周转率	17	0	0	1.23	1.737
总资产周转率	29	0	3	2.39	1.932
长期资产周转率	13	0	0	0.93	1.531

営運能力下六个指标的重要性得分，也体现出这样一种显著趋势："应收账款周转率"与"存货周转率"被认为是最重要的指标，"流动资产周转率"、"总资产周转率"得分次之，但是对其重要性的认识并不集中，最后是"固定资产周转率"和"长期资产周转率"，两者被挑选出予以评价的次数均没有过半，表现为中位数是零，重要性得分也较低。具体各档次指标得分的详细情况可见图3-4、图3-5。

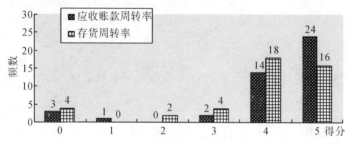

图3-4　应收账款周转率和存货周转率得分情况

营运能力下，第一个档次的指标有应收账款周转率和存货周转率。可见，一半以上的被调查者认为应收账款周转率的重要性是5级，并且对其评分在4分以上的调查者占到了86%以上。存货周转率也得到了较高的分数，77%以上的调查者认为其重要性在4级以上，评价4级和5级的人数几乎各占一半。

第二个档次的指标有流动资产周转率和总资产周转率，两者分别有61%和66%的被调查者给予了这两个指标的重要性评价，重要性的得分主要集中在4级，两者的得分均值也差异不大。

最后剩余的固定资产周转率和长期资产周转率属于第三个档次的指标，同样是被评价次数没有过半，重要性得分也较低。在此我们不再详细分析，也将其剔除出指标体系外。

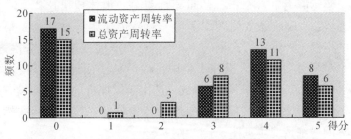

图 3 - 5   流动资产周转率和总资产周转率的得分情况

3.4.4   盈利能力的指标

盈利能力下有如下指标，基本调查结果为表 3 - 11 所示：

表 3 - 11   盈利能力指标重要性得分概况

指标	评价人数	众数	中位数	均值	标准差
净资产收益率	40	5	5	4.05	1.509
总资产净利润率	28	0	3	2.48	2.063
资产报酬率	27	0	3	2.48	2.085
营业利润率	37	5	4	3.66	1.725
流动资产净利润率	12	0	0	0.95	1.642
边际利润率	18	0	0	1.57	2.016

盈利能力下六个指标的重要性得分，也体现出这样一种显著趋势："净资产收益率"与"营业利润率"被认为是最重要的财务指标；"总资产净利润率"和"资产报酬率"得分次之，但是对其重要性的认识并不集中；最后是"流动资产净利润率"和"边际利润率"，两者被挑选出予以评价的次数均没有过半，表现为中位数是零，重要性得分也较低。具体各指标得分的详细情况可见下列的图示。

盈利能力下，第一个档次的指标有净资产收益率和营业利

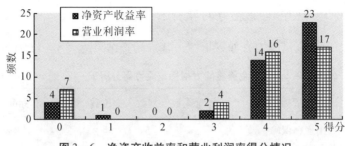

图3-6 净资产收益率和营业利润率得分情况

润率。可见，超过90%的调查者都对净资产收益率予以了评价，并且超过一半的调查者都给予了5分的重要性得分，其得分均值高达4.05。84%以上的调查者对营业利润率给予重要性评价，得分主要集中在4分和5分，得分的均值为3.66分。

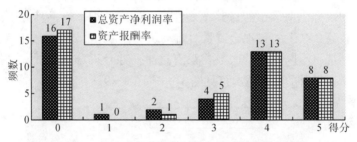

图3-7 总资产净利润率和资产报酬率的得分情况

第二档次的指标有总资产净利润率和资产报酬率，两个指标的评价状况基本相同，两者得分的均值也是一样的2.48分。其实两个指标经济意义相似，只是前者的分子是净利润，后者是税前利润。

最后剩余的流动资产净利润率和边际利润率都属于第三个档次的指标，他们的被评价次数没有过半，重要性得分也较低。在此我们不再详细分析，也将其剔除出指标体系外。

74

3.4.5 现金流量能力的指标

现金流量能力有如下指标，基本调查结果为表 3-12 所示：

表 3-12　　　现金流量能力指标重要性得分概况

指标	评价人数	众数	中位数	均值	标准差
盈余现金保障倍数	34	5	4	3.32	1.986
营业收入现金比率	28	0	4	2.68	2.133
现金流量对流动负债比率	21	0	0	1.89	2.104
销售现金比率	21	0	0	1.93	2.106

现金流量能力下四个指标的重要性得分，也表现出了显著的特征："盈余现金保障倍数"被认为是最重要的指标；"营业收入现金比率"虽然对其重要性没有达成共识，但是其评价分值较高；余下的"现金流量对流动负债比率""销售现金比率"被挑选出予以评价的次数均没有过半，并且得分也很低。具体各指标得分的详细情况可见图 3-8、图 3-9。

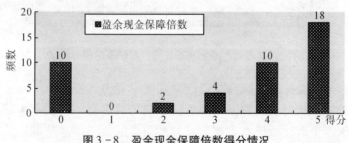

图 3-8　盈余现金保障倍数得分情况

现金流量能力下，第一个档次的指标是盈余现金保障倍数，其被予以评价的比重为 77.3%，并且大部分的调查者认为该指标的重要性是 5 级，这一比率达 40.1%，给予 4 分以上的调查者共占到 63.4%，显示出较高程度的重要性评价。

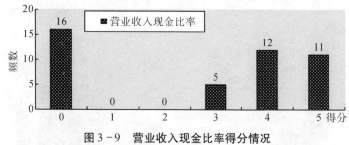

图 3 - 9　营业收入现金比率得分情况

第二个档次的指标是营业收入现金比率，被予以评价的比率为 63.6%，得分也都主要集中在 4 级和 5 级，评分在 4 级以上的比重达 52.3%，说明该指标具有一定的重要性。

剩余的现金流量对流动负债比率、销售现金比率，被评价的比率都没有过半，都属于第三个档次的评价指标，两者的重要性得分都较低，因此将其剔除出指标体系外，不再做详细分析。

3.4.6　成长能力的指标

成长能力有如下指标，基本调查结果为表 3 - 13 所示：

表 3 - 13　　　　　成长能力指标重要性得分概况

指标	评价人数	众数	中位数	均值	标准差
资本保值增值率	35	5	4	3.32	1.902
固定资产增长率	12	0	0	0.95	1.628
总资产增长率	22	0	1	1.91	2.021
净利润增长率	37	4	4	3.39	1.715
营业收入增长率	37	5	4	3.75	1.754

成长能力下五个指标的重要性得分，表现出了这样的分布特征："资本保值增值率"、"净利润增长率"、"营业收入增长率"均被认为是最重要的成长能力指标；而"固定资产增长率"

和"总资产增长率"得分都很低。具体各指标得分的详细情况可见图 3 – 10。

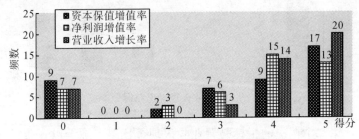

图 3 – 10 资本保值增值率、净利润增长率和
营业收入增长率的得分情况

成长能力下，第一个档次的指标有资本保值率、净利润增长率和营业收入增长率，分别有 79.5%、84.1% 和 84.1% 的被调查者对其重要性进行了评价，三个指标得分的中位数都是 4 分。其中，资本保值增值率的评价得分主要集中于 5 分，这一比率达 38.6%，评分在 4 分以上的共占 59.1%；净利润增长率的得分主要集中于 4 分，但是给予 5 分的人数也较多，两者共占 68.2%；营业收入增长率的得分主要集中于 5 分，比重达 45.5%，其评分在 4 分以上的调查者共占到 77.3%，显示出很强的集中趋势。

余下的固定资产增长率和总资产增长率，评价的人数均没有过半，并且得分都很低，都属于第三个档次的指标，在此我们不再做详细考虑，并将其剔除出指标体系。

3.4.7 指标选取的最终确定

由《指标体系问卷》的调查结果，经过以上五点的分析，我们设置了一个指标选取的条件："有超过一半调查者对其重要性进行评价，即中位数不能为零，并且同时其重要性得分的中位数也不能在 3 分以下，即一半以上的调查者认为其重要性相对较高。"符合以上条件的指标则被纳入最终的财务指数系统的指标构成中，具体结果见表 3 - 14。

表 3 - 14　　　　　　　财务指标体系的层次结构

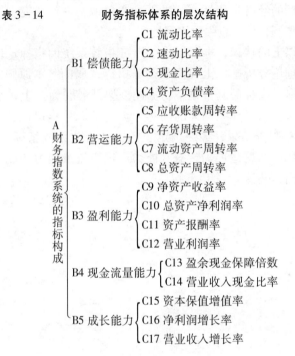

3.5　**本章小结**

本章完成了财务指数系统的指标选取工作。

本章首先综述了财务评价研究、财务预警研究，以及其他一些相关研究中所建立使用的财务指标体系，分析其构成特点也指出其不足表现。其次，本章又从方法的角度，探讨了指标的选取方法，主要分为定量和定性两大类，定量方法能确保研究结论的客观性，突出数据的代表性，但是却会影响指数的稳定性和可比性，也难以保证指标的经济意义，定性方法虽能较好突出指标的经济重要性，结果不可避免地会受到研究者视角与认知的限制，带有较强的主观性。

基于以上的认识，本章提出了财务指数系统的指标选取思路，即在理论分析基础上提出了财务指标选取的基本原则，进而建立了财务指标的基本框架，据此框架开展题为《上市公司财务指数系统指标体系构建的问卷》调查活动。本章最后详细分析了问卷调查结果，最终确定了的财务指数系统指标构成，包括偿债能力、营运能力、盈利能力、现金流量能力和成长能力五个方面，共计 17 个财务指标。

财务指数系统的指标赋权

财务指数系统的指标体系不仅包括指标的选取，还包括指标的赋权。各财务指标的权重大小直接体现了指标在财务指数中的影响作用，这是财务指数构建的关键环节。在第 3 章我们已形成了财务指数系统的指标选取结果，本章将从不同的指标赋权方法入手，最终提炼出符合财务指数编制特点的权重确定思路，并予以实现。

4.1　指标权重的理论

要将多个指标的信息汇总合成，需要对每个指标赋权。权重的大小会直接影响到综合信息值的表现，同时也是该指标重要性的体现。

4.1.1　权重的分类

指标的权重有不同的形式，不同的形式下往往有着不同的经济含义与数学特点，因而其应用条件和确定方法也随之不同。在综合评价实践中，可以从以下角度对权数进行分类：

（1）按权数①的表现形式分，有绝对形式权数（简称绝对权数）和比重形式权数（简称比重权数），两者并没有实质性区别，也可以相互转换。为统一表述，下文提到权重或权数，均是指比重权数。

（2）按权数的性质分，有实质性权数、估价权数、信息量

---

① 权重往往又称为权数，两者没有本质区别，只是某些时候权重特指经过归一化处理后的比率形式，而权数则不局限于此。本书的论述中并不对两者作区别。这里，为与文献一致，写作权数，下同。

权数、可靠性权数①。

实质权数包括频数或频率权数，以及统计指数中的同度量因素，因为这种权数与指标的乘积是有实质意义的经济统计指标，在实践中，这类权数较难实现。

估价权数，是从评价者的角度认定各评价指标重要性程度大小而确定的一种权数。

信息量权数，是从评价指标所包含的对各评价对象分辨信息量的多少来确定的一类权数。一般来说，某评价指标在各评价对象之间所表现出来的差异程度越大，则说明该指标中的"分辨信息"越多，从而赋予较大权重，主成分分析中的权重以及熵权法都属于该类权数。

可靠性权数，则是根据评价指标数据的可靠性高低来判断其权数大小，若数据可靠性越高，则所赋权重也越大。

（3）按权数的形成方式分，有自然权数与人工权数，也即客观权数与主观权数，这是有关权数的最共识的分类，由此形成了客观赋权法和主观赋权法。客观权数，是指通过各指标在被评价对象中的实际数据形成的，主观权数是指研究者根据一定的标准而主观构造的以反映总体中各组成部分重要性程度的一种统计权数。

4.1.2 主观赋权法

主观赋权法是研究者根据其主观价值判断来指定各指标权数的一种方法。主要有以下几种方法。

（1）德尔菲法

德尔菲法又称为专家法，最早由赫尔姆和达尔克提出。该方法依据系统的程序，采用匿名方式，即专家之间不得互相讨

---

① 邱东. 多指标综合评价方法的系统分析［M］. 北京：中国统计出版社，1991.

论，不发生横向联系，只与调查人员发生关系，通过多轮次调查专家所提问题的看法，经过反复征询、归纳、修改，最后综合成基本一致的看法，作为决策的依据。该方法利用专家的知识、智慧、经验等无法量化的带有很大模糊性的信息形成对各方面评价的权数。该方法具有广泛的代表性，适用范围广，不足之处是受专家知识、经验等主观因素的影响，过程也较为繁琐。

（2）层次分析法

层次分析法（Analytic Hierarchy Process，AHP），是美国著名运筹学家 T. L. 萨蒂（T. L. Satty）教授于 20 世纪 70 年代创立的一种实用的多准则决策方法。该方法是一种定性分析和定量分析相结合的评价决策方法，其基本思路是把一个复杂问题中的各个指标通过划分相互之间的关系使其分解为若干个有序层次。每一层次中的元素具有大致相等的地位，并且每一层次与上一层次和下一层次有着一定的联系，层次之间按隶属关系建立起一个有序的递阶层次模型。在递阶层次模型中，按照对一定客观事实的判断，一般主要采用专家意见法，然后对每层的重要性以定量的形式加以反映，通过两两判断的方式确定每个层次中元素的相对重要性，并用定量的方法表示，进而建立判断矩阵。然后利用数学方法计算每个层次的判断矩阵中各指标的相对重要性权数。最后通过在递阶层次结构内各层次相对重要性权数的组合，得到全部指标相对于目标的重要权数。

该方法将人的主观判断进行了科学的整理和综合，通过两两比较标度值的方法，把人的主观经验判断定量化，既包含主观的逻辑判断和分析，又依靠客观的精确计算和推演，使得决策过程具有很强的条理性和科学性。但是该方法的实质还是主观赋权法，因为在应用中仍摆脱不了评价过程中的随机性和评价专家主观上的不确定性及认识的模糊性。

4.1.3 客观赋权法

由主观赋权法确定出的权重系数真实与否，在很大程度上取决于专家的知识、经验及其偏好。有时为了避免权数确定的人为干扰，可采取客观赋权法。客观赋权法是指确定权数时的原始数据来源于各个指标的实际观测值，而与评价者或专家无关。其基本思想是：权重系数应当是各个指标在指标总体中的变异程度和对其他指标影响程度的度量，可根据各指标所提供的信息量大小来决定相应指标的权重系数。主成分分析和因子分析的权重即是客观赋权的结果，归纳起来常用的客观赋权法有以下几种：

（1）均方差法

取权重系数为 $w_j = \dfrac{s_j}{\sum\limits_{k=1}^{m} s_k}$，$s_j$ 是第 j 个指标的标准差，也即第 j 个指标的权重系数是该指标的标准差占全部指标标准差和的比重，体现了"指标值波动程度越大，其权重系数也越大"的思想。

（2）变异系数法

由于各指标量纲的不同，会直接影响到方差的大小，从而使得不同指标的方差并不具备可比性，因此上述均方差法得到的权数就会存在较大误差，在此基础上进行改进得到变异系数法。变异系数是统计中用于比较不同量纲数据波动的统计指标，它是数据的标准差与均值的比值，因此变异系数法确定的系数为：

$$w_j = \frac{v_j}{\sum\limits_{k=1}^{m} v_k}，\text{其中变异系数 } v_j = \frac{s_j}{x_j}$$

变异系数法与均方差的思想是完全一致的。

(3) 熵值法

熵值法（entropy method）是一种根据各项指标观测值所提供的信息量的大小来确定指标权数的方法，熵在信息论中是系统无序程度的量度，可以度量数据所提供的有效信息，其确定步骤如下：

第一，计算第 j 个指标下，第 i 个样本的特征比重 $p_{ij} = \dfrac{x_{ij}}{\sum\limits_{i=1}^{n} x_{ij}}$ ，这里假定 $x_{ij} \geq 0$，且 $\sum\limits_{i=1}^{n} x_{ij} > 0$；

第二，计算第 j 项指标的熵值 $e_j = -k \sum\limits_{i=1}^{n} p_{ij} \ln(p_{ij})$ ，其中常数 k 与样本数量 m 有关，一般令 $k = \dfrac{1}{\ln m}$，则 $k > 0$，$e_j > 0$，当 x_j 差异越大，熵值 e_j 越小；

第三，计算指标 x_j 的差异系数 $g_j = 1 - e_j$，熵值 e_j 越小则差异系数 g_j 越大，越应重视该项指标的作用；

第四，确定权数 $w_j = \dfrac{g_j}{\sum\limits_{i=1}^{m} g_j}$，$j = 1, 2, \cdots, m$。

(4) CRITIC 法

CRITIC（全称为 Criteria Importance Through Intercriteria Correlation）法是由迪亚考拉基（Diakoulaki）提出的一种客观权重赋权方法。它的基本思路是确定指标的客观权数以两个基本原则为基础。一是对比强度，它表示了同一个指标各个评价方案之间取值差距的大小，以标准差的形式来表现，即标准化的大小表明了在同一指标内各方案取值差距的大小，标准差越大各方案之间取值差距越大。二是评价指标之间的冲突性，指标之间的冲突性是以指标之间的相关性为基础，如两个指标之间具有较强的正相关，说明两个指标冲突性较低。由此各个指标的客观权重确定就是以对比强度和冲突性来综合衡量的。具体计算公式是：

$$C_j = \sigma_j \sum_{t=1}^{n} (1 - r_{tj})$$

C_j 是第 j 个评价指标所包含的信息量，σ_j 是 j 指标的标准差，r_{tj} 是 j 指标与 t 指标的相关系数，n 是评价指标个数，$\sum_{t=1}^{n} (1 - r_{tj})$ 则表示第 j 个指标与其他指标的冲突性。显然，σ_j 越大则 C_j 越大，r_{tj} 越大则 C_j 越小。最后对信息量 C_j 作归一化处理得到对应权重：

$$w_j = \frac{C_j}{\sum_{j=1}^{n} C_j}$$

（5）因子分析（主成分分析）赋权

因子分析法与主成分分析都是对多指标数据降维的一种方法，主要用于综合评价。其基本思想都是，通过变量内部结构的研究，将具有错综复杂关系的变量综合为数量较少的几个因子或主成分。因子分析法是主成分分析的推广和发展，区别在于主成分的数学模型实质是一种变换，因子模型是除主成分模型外还可以有其他的选择，因此主成分分析往往又被看作是因子分析的一种特例。

因子分析赋权是利用分析过程中的数量关系，来确定原始变量的权重。在因子分析中，我们可以用较少的因子来反映绝大部分的原始变量信息。而因子载荷矩阵中的每一元素则体现了对应的变量与公共因子的相关系数，也即反映了该变量在这个公共因子上的相对重要性，而该变量在所有公共因子上的载荷平方和称作共同度，它刻画了全部公共因子对该变量的总方差所作的贡献。从另一个角度说，变量的共同度是变量对提取的因子的重要性体现，共同度越大说明该变量越能影响公共因子的变化。因此，因子分析法赋权，是利用因子分析过程中各原始指标的共同度做归一化处理后，来赋予权重。

4.1.4　组合赋权法

由以上的分析可知，主观赋权法体现了指标的价值量（经济意义），客观赋权法体现了指标的信息量（变异性），两者各具特点，也各具利弊，因此有研究者就提出将两者得出的权数进行组合，也即组合赋权法。归纳起来，组合的方式主要有两种，即乘法合成与线性加权合成。

（1）乘法合成

该方法将各种赋权方法得到的某一指标的权数进行相乘，然后进行归一化处理得到组合权数。计算公式为：

$$\varpi_j = \frac{p_j q_j}{\sum\limits_{i=1}^{m}(p_i q_i)}$$

p_i，q_i 分别是基于主观赋权法和客观赋权法生成的指标 x_j 的权数，下同。该合成方法适用于指标个数较多，权数分配比较均匀的情况。

（2）线性加权合成

其合成公式为：$\varpi_j = \lambda p_j + (1 - \lambda) q_j$，$\lambda$ 为待定常数，且 $0 \leqslant \lambda \leqslant 1$。当决策者对不同赋权方法存在偏好时，$\lambda$ 可根据决策者的偏好信息来确定，但当决策者对不同赋权方法没有明显偏好时，需要用其他方法来确定不同赋权方法的相对重要程度，这类方法主要有基于离差平方和的优化赋权法、基于偏差最小的优化赋权法和基于等级相关系数组合法，在此不再赘述。

4.2　财务指数系统指标赋权的思路

4.2.1　赋权方法的特点与比较

与指标选取方法相似，指标赋权也主要区分为主观赋权与客观赋权。通过上述方法的简介，可以看到两种权重的确定方法各有特点。

（1）主观赋权法的特点

主观赋权法，其共同特征可以总结为：

第一，赋权结果与评价者的知识结构、工作经验及偏好等有关，带有主观判断色彩，有一定的随意性。

第二，评价过程的透明性、再现性差。

第三，在一定的时间区间内，权重系数具有保序性和可继承性，也即在一定样本空间，采用主观赋权法的结果具有一定的稳定性。

（2）客观赋权的特点

客观赋权法利用观测数据所提供的信息来确定权数，虽然避免了主观赋权的主观随意性的弊病，但也有不足之处，如：对同一指标体系的不同样本集合，即使用同一种方法来确定指标的权数，结果也可能会有较大差异；再则，有时通过客观赋权法得到的结果，可能与决策者或专家的认知出现很大差异，最重要的指标不一定具有最大的权系数，最不重要的指标可能具有最大的权系数。总体说来，这类方法体现了如下的共同特征：

第一，赋权结果不具有任何主观判断色彩，结果完全由样本数据确定，客观性强。

第二，评价过程具有透明性和再现性。

第三，赋权结果不再体现评价指标的相对重要性，而是从整体上体现指标的离散程度或信息含量。

第四，赋权结果会因为经验数值的不同而不同，不具有稳定性和继承性。

可见，两种赋权方法都各有特点也各有不足：主观赋权具有可继承性，结果稳定性较好，但其不足表现为结果带有较强的主观性，受到研究者视角与认知的限制；而客观赋权结果比较透明，客观性强，但是其结果不具稳定性，并且从经济意义的角度看，结果不体现评价指标的相对重要性，而体现指标的离散程度或信息含量，这也是应用于经济问题研究的很大局限。基于此，组合赋权法得以提出，这种赋权方法刚好能互补所短、互取所长，因而具有良好的特性。

4.2.2　指标赋权的思路

综上所述，主观赋权结果受到研究者视角与认知的限制，而客观赋权结果不够稳定且经济意义相对较差。因此，本书财务指标的权重拟采用组合赋权的形式，兼顾主观赋权法和客观赋权法，从而汲取了两种方法的优良性，又避免了两者各自的不足。具体的操作思路如下：

第一，根据《指标体系构建问卷》中被调查者对指标重要性的判断，将指标的重要性得分情况转换为重要性标度，运用层次分析法，得到一个主观权重，本书将之称作专家权重，这是主观赋权的结果。

第二，依据样本公司的具体财务指标数据，考察在因子分析过程中，当提取信息量达到一定标准后各财务指标的共同度，对各指标的共同度进行归一化处理后以此得到相应的客观权重，即是客观赋权结果。

第三，采用线性加权合成形式，将专家权重与客观权重结合，以两者各占 50% 的份额，得到最终的指标权重结果。

这一指标权重的确定思路如图 4－1 所示。

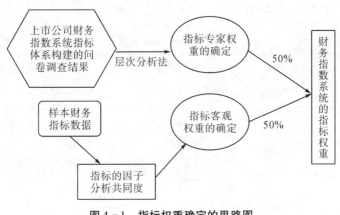

图 4－1　指标权重确定的思路图

4.3　专家权重的确定——问卷调查的结果分析

我们以问卷调查形式，采集了专家对财务评价指标重要性的认识，由此得到了财务指标的构成，见表 4－14（见第 77 页）。由上节的分析，我们已明确指标的主观权重同样来源于问卷调查结果，因此，这里我们需要在 3.4 节的分析基础上，对问卷调查结果作进一步深入挖掘，以确定专家权重。

4.3.1　类别权重的确定

对于指标的五个类别——偿债能力、营运能力、盈利能力、现金流量能力和成长能力的权重，由于难以通过实证研究获取客观权重，并且类别的客观权重也难以保证其经济意义的可靠性，因此各类别的权重直接取决于专家权重，而不作组合赋权。

在问卷中，我们直接要求被调查者对这五个类别直接赋予权重比例，具体情况如表4－1所示。

表4－1　　　　　　　五个财务能力赋权的概况

类别	众数	中位数	均值	标准差
偿债能力	0.15	0.15	0.194 5	0.085 7
营运能力	0.10	0.12	0.157 7	0.074 5
盈利能力	0.20	0.20	0.253 6	0.083 3
现金流量能力	0.20	0.20	0.204 6	0.071 9
成长能力	0.20	0.15	0.189 6	0.074 3

五个类别的财务能力权重比例差异并不大。从众数来看，盈利能力、现金流量能力和成长能力权重比例是一致的，各占到20%，其次是偿债能力，权重比例是15%，最后是营运能力占10%。再结合中位数来看，盈利能力和现金流量能力依然是被认为最重要的方面，成长能力和偿债能力稍次，最后依然是营运能力。均值则给出了更细化的赋权差异，特征基本一致。最后我们以各类别被赋权的均值作为其类别权重。

4.3.2　专家权重的确定方法

就每一个具体指标而言，如何将问卷调查结果转换为各指标的重要性权重，有多种处理方法，如以其重要性得分的均值或众数等做归一化处理，这种方法计算简单，思路直观明了。但是笔者认为，这种直接以各位专家的重要性评分的分值作为指标权数的依据，有一定的不合理性。问卷调查中的重要性评分，只是为避免文字理解上的偏差，而以数值的形式来表现重要性程度，因此，这些分值是定序计量层次的计数，而非定量层次的计量，只能用于排序而不能用于数学计算。

如何将专家对指标重要程度的认识转换为指标的权重，本书采用层次分析法来解决这一问题。

以层次分析法来分析各位专家重要性的认识从而得到指标对应的权重，其优点在于它能将人的主观判断进行科学整理和综合，通过两两比较标度值的方法，把人的主观经验判断定量化，整个过程既包含主观的逻辑判断和分析，又依靠了客观的精确计算和推演，可以使得决策过程具有很强条理性和科学性。

4.3.3 专家权重的确定过程

（1）建立层次结构模型

运用层次分析法进行系统分析，首先要建立研究问题的层次结构模型，通常分为三个层次结构：目标层、准则层和指标层。目标层是最高层次，表示进行系统分析要达到的总目标；准则层表示采用某种措施和政策来实现预定目标所涉及的中间环节；指标层表示解决问题的各种措施、政策或方案等。财务评价指标系统的层次结构模型如表 3 - 14 所示，其中 A 层是我们的财务指标系统的总目标，B 层为准则层，为财务指标系统的一级指标；C 层是指标层，是具体的指标构成。

（2）确定各判断矩阵

对指标进行排序赋权，层次分析法采用了两两比较建立判断矩阵这样一种很有特色的方法。层次分析法采用数字标度的形式，将定量与定性结合，把人的主观判断用数量形式表达和处理。最早提出且应用最广泛的标度是萨蒂提出的 1 ~ 9 标度，该标度的提出是根据心理学家提出的"人区分信息等级的极限能力为 7 ± 2"的研究结论而来。而此后，德国生理学家韦伯用心理是物理实验，证明了人对差别的感觉不取决于它们之间的绝对差数，而取决于它们之间的相对差数或比率，德国物理学家费西纳进一步推导出人的主观感觉量 S 和客观刺激量 R 之间的函数关系①，在此基础上形成了指数标度。很多的研究文献中都显示了指数标度的效果好于其他数字标度，在本书中笔者也进行了几次试算，指数标度返回的结果更符合常理，因此本书选择指数标度来建立判断矩阵。

考虑到我们的财务指标体系已经在基本框架的基础上剔除了相对不重要的指标，因此这里我们只需引入五分位标度，表 4-2 给出了各标度的具体含义。在本书中，层次分析法的运算采用 yaahp 软件实现，这里为了与处理软件表达一致，也为了能直观地比较判断，以下给出的是通常意义下的标度表示，而括号里给出的即是对应的指数标度本身。因为软件在后台运算中会自动进行转换，因此我们在给出判断矩阵时也按照惯例进入输入。

表 4-2　　　　　　　　　 1~5 标度的评判准则

标度	定义
1 (e^0)	两个指标相比，具有相同重要程度
3 (e^2)	两个指标相比，一个指标比另一个指标稍微重要
5 (e^4)	两个指标相比，一个指标比另一个指标明显重要
2 (e^1)，4 (e^3)	上述相邻判断的中间值
倒数	指标 i 与 j 比较的判断值为 B_{ij}，则指标 j 与 i 比较的判断值为 $B_{ji} = 1/B_{ij}$

由问卷调查中各评价指标重要性得分的特征表现，我们加以整理得到各判断矩阵。在此，我们建立了这样的判断规则：根据指标被挑选出评价的频数，以及重要性得分的众数划分指标重要性的不同层次（与前述分析一致），排在第一层次的指标

___

① 函数关系为 $S = k \log R$，其中 k 为韦伯常数。

比排在第二层次的指标"明显"重要，根据差异大小标度为 5 或 4；处在同一层次的指标，再依据重要性得分的中位数与均值的差异，区别两者的重要性差异程度是"稍微"重要，标度为 3 或 2，如同一层次指标在重要性得分几个方面的表现大致相同，则两者具有相同重要度，标度为 1。由此，我们得到如下各层次的判断矩阵，各财务指标的符号表示同表 3-14，下同。

表 4-3　　　　　　　指标层偿债能力的判断矩阵

B1	C1	C2	C3	C4
C1	1	1/2	1/5	1/5
C2	2	1	1/4	1/4
C3	5	4	1	1/2
C4	5	4	2	1

表 4-4　　　　　　　指标层营运能力的判断矩阵

B2	C5	C6	C7	C8
C5	1	3	5	5
C6	1/3	1	4	4
C7	1/5	1/4	1	2
C8	1/5	1/4	1/2	1

表 4-5　　　　　　　指标层盈利能力的判断矩阵

B3	C9	C10	C11	C12
C9	1	5	5	3
C10	1/5	1	1	1/4
C11	1/5	1	1	1/4
C12	1/3	4	4	1

表 4 - 6　　　　　　指标层现金流量能力的判断矩阵

B4	C13	C14
C13	1	3
C14	1/3	1

表 4 - 7　　　　　　指标层成长能力的判断矩阵

B5	C15	C16	C17
C15	1	1	1/2
C16	1	1	1/2
C17	2	2	1

（3）结果输出

将以上层次结构模型与各层次判断矩阵输入 yaahp 软件，得到结果表 4 - 8：

表 4 - 8　　　　　　偿债能力类别指标的权重

偿债能力	流动比率	速动比率	现金比率	资产负债率
权重	0.149 7	0.182 9	0.317 0	0.350 3

偿债能力下判断矩阵的一致性指标 $CR = 0.001\ 9$，也远远小于 1% 的显著水平，具有满意的一致性。

表 4 - 9　　　　　　营运能力类别指标的权重

营运能力	应收账款周转率	存货周转率	流动资产周转率	总资产周转率
权重	0.385 1	0.285 3	0.173 0	0.156 6

营运能力下判断矩阵的一致性指标 $CR = 0.003\ 7$，也远远小于 1% 的显著水平，具有满意的一致性。

表4-10　　　　　　盈利能力类别指标的权重

盈利能力	净资产收益率	总资产净利润率	资产报酬率	营业利润率
权重	0.385 3	0.164 7	0.164 7	0.285 4

盈利能力下判断矩阵的一致性指标 $CR=0.001\ 9$，也远远小于1%的显著水平，具有满意的一致性。

表4-11　　　　现金流量能力类别指标的权重

现金流量能力	盈余现金保障倍数	营业收入现金比率
权重	0.598 7	0.401 3

现金流量能力下判断矩阵的一致性指标 $CR=0.000\ 0$，具有很好的一致性。

表4-12　　　　　　成长能力类别指标的权重

成长能力	资本保值增值率	净利润增长率	主营业务增长率
权重	0.310 4	0.310 4	0.379 2

成长能力下判断矩阵的一致性指标 $CR=0.000\ 0$，也远远小于1%的显著水平，具有满意的一致性。

4.3.4　指标专家权重的结果

我们依据《指标体系构建问卷》的实地调研结果，构建了财务指标系统的层次结构模型，并运用基于指数标度的层次分析法确定了各指标具体的专家权重。我们以问卷中被调查者对各财务能力类别赋权的均值为类别权重，最后综合这两个层次的权重信息，财务指标的专家权重最终结果如表4-13所示：

表4-13 财务指标体系

类别		指标构成	
内容	权重	评价指标	专家权重
偿债能力	0.194 5	流动比率	0.029 11
		速动比率	0.035 57
		现金比率	0.061 66
		资产负债率	0.068 13
营运能力	0.157 7	应收账款周转率	0.060 73
		存货周转率	0.044 99
		流动资产周转率	0.027 28
		总资产周转率	0.024 70
盈利能力	0.253 6	净资产收益率	0.097 71
		总资产净利润率	0.041 77
		资产报酬率	0.041 77
		营业利润率	0.072 38
现金流量能力	0.204 6	盈余现金保障倍数	0.122 49
		营业收入现金比率	0.082 11
成长能力	0.189 6	资本保值增值率	0.058 85
		净利润增长率	0.058 85
		营业收入增长率	0.071 90

综上所述,上市公司财务指数系统的财务指标体系一共包括五个方面共计17个指标,其中盈利能力是最重要的方面,其次是现金流量能力,余下依次为偿债能力、营运能力、成长能力。分配到每个具体的财务指标的专家权重,可以看到"盈余现金保障倍数"被赋予了最大的权重,占12.249%,其次是"净资产收益率",权重为9.771%,其余指标比重在2%~7%之间波动,最低是总资产周转率,为2.47%。

4.4 客观权重的确定方法

4.4.1 因子分析赋权法的思想

在第4.1.3节中我们已详细介绍了客观赋权的几种方法，如变异系数法、熵值法、CRITIC法以及因子分析赋权等，通过比较分析，本书的客观权重拟采用因子分析赋权法。

因子分析或主成分分析法作为一种多指标降维的方法，由于其数学性质良好，评价客观，目前已经被广泛地应用于上市公司的综合评价研究。我们将因子分析的思想应用于客观权重的确定，不仅能得到具有较好数学性质的结果，并且还能与上市公司的这些综合评价研究相对应起来，因此财务指标的客观权重决定我们采用因子分析赋权法。

采用因子分析赋权法，其实质并不是利用因子分析法进行多指标降维与汇总，而是利用在因子分析过程中得到的共同度，共同度体现了各指标信息被因子提取的比重。当我们选取较少的因子就能反映出原始指标绝大部分的信息时，较少的这几个公共因子主要由共同度大的指标所决定，因此我们可以对共同度大的指标赋予相对高的权重。这即是因子赋权法的基本思想。

4.4.2 具体的计算过程

因子分析的基本思想是通过变量的相关系数矩阵内部结构的研究，找出能控制所有变量的少数几个随机变量去描述多个变量之间的相关关系，这少数几个随机变量不可观测的，称为因子。

因子分析的数学模型是：

$$
\begin{cases}
X_1 = a_{11}F_1 + a_{12}F_2 + \cdots + a_{1m}F_m + \varepsilon_1 \\
X_2 = a_{21}F_1 + a_{22}F_2 + \cdots + a_{2m}F_m + \varepsilon_2 \\
\cdots\cdots \\
X_p = a_{p1}F_1 + a_{p2}F_2 + \cdots + a_{pm}F_m + \varepsilon_p
\end{cases}
$$

且满足：

（1）$m \leqslant p$，即表示用较少的因子替代较多的原始变量；

（2）$Cov(F, \xi) = 0$；

（3）F 各不相关且方差为 1，ξ 也各不相关方差为 1。

F 是综合变量，称为 X 公共因子。a_{ij} 称为因子载荷是第 i 个变量在第 j 个公共因子上的负荷，其统计意义就是第 i 个变量与第 j 个公共因子的相关系数，反映了第 i 个变量在第 j 个公共因子上的相对重要性。

变量 X_i 的共同度即定义为该变量的所有因子载荷的平方和，即

$$
h_i^2 = \sum_{j=1}^{m} a_{ij} \quad i = 1, \cdots, p
$$

共同度刻画了全部公共因子对变量 X_i 的总方差所作的贡献，h_i^2 越接近于 1 说明该变量的几乎全部原始信息都被选取的公共因子说明了。

因子分析赋权法，是依据各指标的共同度大小来确定权数，即对各指标的共同度作归一化处理后，得到各指标的客观权重

$$
w_i = \frac{h_i^2}{\displaystyle\sum_{i=1}^{p} h_i^2}。
$$

由于客观权重的确定，需要通过对财务指标的经验数据进行实证分析才能得到，并且不同时间、不同样本公司的指标得到的客观权重均不相同。因此，关于财务指标的客观权重我们将在第 6 章"上市公司财务指数的生成"再予以实际计算。

4.5　本章小结

本章完成了财务指数系统的指标赋权工作。

本章首先介绍了指标赋权的方法。指标赋值的方法总体说来有主观赋权法、客观赋权法和组合赋权法。本章归纳比较了三种方法的各自特点与不足，由此得到了财务指数系统指标赋权的思路：采用组合赋权法，由《上市公司财务指数系统指标体系构建问卷》的调查结果，运用层次分析法得到各财务指标的主观权重，称作专家权重；再对财务指标的样本数据，采用因子分析赋权法得到客观权重；通过线性加权合成形式，将专家权重与客观权重结合，以两者各占 50% 的份额，得到最终的指标权重结果。

其次，本章根据问卷调查结果，以被调查者对各类别财务能力的赋权的算术平均数，作为类别权重。对每一个财务指标，采用层次分析法，通过将问卷调查中的重要性得分情况转换成各指标重要标度，以此最终得到指标的专家权重数据。

最后，本章给出了客观权重的确定方法，即因子分析赋权法的思想与具体计算过程。而客观权重的实际计算，将在第 6 章样本确定后再予以实现。

5

财务指数的编制方法

本书的研究目的是生成一个动态反映上市公司整体财务状况的财务指数，在第3章和第4章我们已明确了财务指数系统的指标选取与指标赋权，本章是财务指数生成的最后一个环节——财务指数的编制。财务指数是一个信息高度浓缩的指数系统，是不同时间、不同指标、不同个体的三维信息综合体。因此，财务指数的具体编制需要采取一定的方法将研究问题层层分解降维。

5.1 财务指数的编制思路

如上文所述，财务指数是一个信息高度浓缩的指数系统，是不同时间、不同指标、不同个体的三维信息综合体，整个编制过程复杂且系统。在确定了财务指数系统的指标选取与指标赋权后，财务指数的编制环节主要有两个方面的内容需要我们解决：一是对各财务指标的信息进行合成；二是动态指数的构造。

对财务指标信息的合成，即是多指标信息汇总的问题，而不同性质不同量纲的指标信息汇总之前，需要对指标进行预处理，因此我们还将分析指标预处理的方法，包括指标同向化和无量纲化。

动态指数的构造，是财务指数的最终编制形式。动态指数的构造可以从景气指数的编制形式入手，也可以从最基本的统计指数编制方法入手，并且景气指数本质也是一类统计指数。本章我们都将对这些指数编制方法进行介绍与比较，以找出最适合财务指数编制的方法应用。

财务指标信息的合成与动态指数的构造，这两个方面相互影响相互制约，共同构成了财务指数的编制内容，图 5 - 1 即是财务指数编制环节的关系示意图。

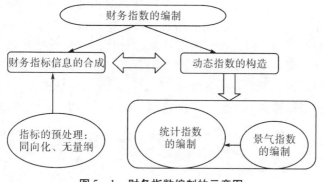

图 5 - 1　财务指数编制的示意图

以下，我们就将对财务指数编制过程中可能涉及的各个方面、各种方法作一比较分析，以最终得到财务指数编制的方法。

5.2　指标预处理方法

财务指数的指标体系由各种反映企业财务状况的财务指标组成，这些财务指标的计算方法不同、性质不同、取值范围不同、波动幅度不同，在对这些指标信息进行汇总之前，必须先对原始指标值进行相关的预处理，才能保证指标信息的可共度性。

5.2.1　指标的同向化处理

在多指标综合评价中，有些指标是指标值越大经济意义越好，称之为正指标或效益型指标；而有些是指标值越小经济意义才越好，称之为逆指标或成本型指标；还有一些指标其取值是越接近某个值时经济意义越好，而远离这个值不论是大还是小，其经济意义都会变差，这类指标称之为适度指标。由于这些指标的性质不同，直接汇总这些指标信息就会出现错误的结论，所以首先我们需要对所有评价指标作同向化的处理。一般情况下，都习惯将逆指标和适度指标统一调整为正向指标。

（1）逆指标的正向处理

逆指标转换为正指标较为容易，最简单的方法就是对逆指标取倒数，即：

$$X_i' = \frac{1}{X_i}$$

其中，X_i' 为调整后的指标，X_i 为原指标，下同。

还可以用某个常数，一般为其允许上界，减去原始指标方法来使其正向化，如投入产出率是一个逆指标，用 1 减去投入产出率为增加值率，即得到一个正向指标。处理方式如下：

$$X_i' = \max \{X_i\} - X_i$$

相比较而言，第一种处理方法更有可行性，不仅方法简单直观，而且还保持了原始指标良好的经济意义。

（2）适度指标的正向化处理

对应适度指标，首先要确定其最优适度值 K，可以采取以下的形式进行变换：

$$X_i' = \frac{1}{|X_i - K|} \text{ 或 } X_i' = \frac{1}{1 + |X_i - K|}$$

后一种处理方法是为避免当原始指标刚好为最优适度值时的不可计算性。可见，$|X_i - K|$ 值越大，说明指标数值离最优适度值越远，X_i' 值就越小经济意义也越差；而 $|X_i - K|$ 越小，X_i' 值则越大，说明指标数值离最优适度值距离越近。

在财务分析中，对于最优适度指标的确定，一般常采用行业标准值或同行业上市公司平均值。但是需要注意的是，这一处理思路在财务指数编制中却不能加以应用。因为行业标准值或平均值都是一定时点上的静态水平，不同时期的这一水平的值是会发生变化的，原始指标值基于对应时期的平均值处理后得到的是一个相对水平值，这一相对水平值已不具动态可比性，从而也无法得到真实的动态对比结果。纵观第 3 章的"财务指数系统的指标构成"，除偿债能力下的部分指标外基本都属于正指标，比较容易引起争议的是资产负债率、流动比率、速动比率，在一般的财务分析中我们常将其作为适度指标，但是这个最优适度值具体是多少，理论界尚缺乏统一的界定标准。作为财务能力的一个重要方面，这些指标又不能被完全剔除掉，其实在这里我们也可以这样理解：这些指标对于企业偿债能力的衡量，资产负债率当然是指标值越小说明偿债能力越强，流动比率和速动比率则是越大偿债能力越强。而有关企业资产的利用效率等问题则会由其他相关指标予以反映，从而也将这个难题避开了。这一处理思路我们将在 6.3.1 节再予以详细说明。

5.2.2 指标的无量纲化处理

即使都是相同方向性质的指标还存在计量单位不同、取值范围不同、波动大小不同的问题，把这些指标取值直接相加或相乘都是没有意义的，还需要对其进行无量纲化处理。

指标的无量纲化方法主要有直线型无量纲化方法、折线型无量纲化方法和曲线型无量纲化法，综合来看曲线型是较精确的形式，直线型公式则属于较简便、带有近似性的形式，而折线型公式可看作直线型公式到曲线型公式的一种过渡。从应用的难易度看，曲线型的无量纲化公式不论是在具体计算公式的确定上，还是在计算过程中，难度都是最大的，因此在实际应用中，往往都是采用直线型无量纲化处理方法，理由主要是：一是无量纲化的结果是对事物发展水平的一种相对描述，而非绝对刻度，因而在不影响研究对象相对地位的前提下，允许用近似的、简化的直线型关系来代替曲线关系；二是曲线型公式的精确是有条件的，如果曲线公式中的参数选取不当，其结果很难是客观的，然而参数的确定又是极具难度的，包括折线型公式中的转折点的确定；三是从国内外多指标综合评价的应用经验看，线性公式所得结果与复杂得多的非线性公式结果往往近似，而方法却容易使用与理解。

直线型无量纲化的方法种类也较多，常见的有阈值法、规格化法和标准化法。

（1）阈值法

阈值法是将指标的实际值与该指标事先给定的一个阈值进行比较，从而得到指标数值的无量纲化指标值，其公式如下：

$$X_{ij}{}^* = \frac{X_{ij}}{X_{i0}}$$

其中，$X_{ij}{}^*$ 是第 i 个评价指标的第 j 个观测点的无量纲化值，$1 \leqslant i \leqslant m$，$1 \leqslant j \leqslant n$，$X_{ij}$ 和 X_{i0} 分别为该观测点的实际值和 i 指标的阈值，下同。阈值法要求每一个 $X_i \geqslant 0$，否则不适用。

阈值是事先给定的，当阈值取为第 i 个指标的均值 $\bar{X}_i$，该方法又称作均值化法，即 $X_{ij}{}^* = \frac{X_{ij}}{X_i}$。均值化后各指标的均值为1，方差是各指标变异系数的平方即 $\left(\frac{\sigma_i}{X_i}\right)^2$，它保留了各指标变异程度的信息。阈值也可以取第 i 个指标的极大值 $\max(x_{ij})$ 或极小值 $\min(x_{ij})$，但这样的处理效果并不太好，阈值太大，则无量纲化指标对指标实际值变化的反映迟钝；反之，如果阈值太小，无量纲化指标对指标实际值变化的反映会过于灵敏，最终合成的综合指标难以准确地反映客观实际。

（2）规格化法

规格化法也称为极差正规化法，其公式如下：

$$X_{ij}{}^* = \frac{X_{ij} - \min\ (X_{ij})}{\max\ (X_{ij})\ -\ \min\ (X_{ij})}$$

对于逆向指标，也可以直接采用以下公式进行变换，可省略掉正向化的处理步骤：

$$X_{ij}{}^* = \frac{\max\ (X_{ij})\ -\ X_{ij}}{\max\ (X_{ij})\ -\ \min\ (X_{ij})}$$

该无量纲化的方法实质上是计算实际值与最小值之间的距离与该指标的全距的比值，因此，不论实际值是正数还是负数，无量纲后都满足 $0 \leqslant X_{ij}{}^* \leqslant 1$。该无量纲化方法的缺点是转化时所依据的原始数据信息较少。

（3）标准化法

标准化法也称为 Z - Score 法，是多元统计分析中常用的方法，计算公式如下：

$$X_{ij}{}^* = \frac{X_{ij} - \bar{X}_i}{S_i}$$

$\bar{X}_i$ 是第 i 个指标的均值，S_i 是第 i 个指标的标准差，下同。该无量纲化的指标值实质是原始指标值与均值的距离为标准差的几倍，即将指标值转换为标准正态分布下的点。该方法要求数据成正态分布，或者说要求观测值个数较多，此时可以利用中心极限定理认为数据成正态分布。Z - Score 法在运算中用到均值和标准差，利用的原始数据信息较多，不足之处表现为当 X_{ij} 比 $\bar{X}_i$ 小时，$X_{ij}{}^* < 0$，对于某些多指标汇总方法如熵值法不适用。

（4）功效系数法

功效系数法的基本思路是先确定每个评价指标的满意值和不容许值，令

$$X_{ij} = \frac{X_{ij} - X_i^s}{X_i^h - X_i^s} \times 40 + 60$$

其中，X_i^s 和 X_i^h 分别为 i 个指标的不容许值和满意值。这种线性转化可充分体现各评价单位之间的差距，且单项平均指标值一般在 60～100 之间。但在实务操作中，X_i^s 和 X_i^h 的确定操作难度较大，变通的处理是以历史上最优、最差值来代替。

（5）比重法

比重法是将指标实际值转化为它在指标值总和中所占的比重，主要有两种计算形式：

$$X_{ij}^* = \frac{X_{ij}}{\sqrt{\sum_{i=1}^{m} X_{ij}^2}} \text{ 和 } X_{ij}^* = \frac{X_{ij}}{\sum_{i=1}^{m} X_{ij}}$$

前者又称为向量规范化，当 $X_{ij} \geqslant 0$，则 $0 < X_{ij}^* < 1$，并且 $\sum_{i=1}^{m} (X_{ij}^*)^2 = 1$；后者称为归一化处理法，同样的，当 $X_{ij} \geqslant 0$，则 $0 < X_{ij}^* < 1$，并且 $\sum_{i=1}^{m} X_{ij}^* = 1$。

经该方法处理后的无量纲化值较真实地反映了原指标之间的关系，考虑了指标值之间的差异性，同样的，如果存在指标 $X_{ij} \leqslant 0$，经处理后，$X_{ij}^* \leqslant 0$，限制了其使用范围。

（6）各种直线型无量纲化方法的比较

综上所述，以上各种指标的无量纲化处理方法各具特点，在实际应用时也表现出了不同的性质。这里我们引述郭亚军、易平涛对线性无量纲化方法的研究内容与结论，加以比较。

郭亚军、易平涛（2008）[1] 指出一个理想的线性无量纲化方法一般要满足六个性质：①单调性，处理后的数据保留原有数据之间的序关系；②差异比不变性，处理后数据保留原有数据之间对于某个标准量的比较关系；③平移无关性，对原有数据

————————

① 郭亚军，易平涛. 线性无量纲化方法的性质分析［J］. 统计研究，2008（2）.

"平移"变换不会影响无量纲化的结果；④缩放无关性，对原有数据"缩小"或"放大"不会影响无量纲化的结果；⑤区间稳定性，对任意一指标原始数据的处理结果都处在一个确定的取值范围内；⑥总量恒定性，处理后的标准值之和为一恒定的常数。对比这六点"理想无量纲化"方法的性质，常用的线性无量纲化方法表现如表5-1：

表5-1　　　　常用线性无量纲化方法及性质对应表

无量纲方法①	单调性	差异比不变性	平移无关性	缩放无关性	区间稳定性	总量恒定性
标准化法	√	√	√	√	×	√
规格化法	√	√	√	√	√	×
均值化法	√	√	×	√	×	√
向量规范法	√	√	×	√	×	×
归一化法	√	√	×	√	×	×
功效系数法	√	√	√	√	√	×

注："√"表示成立，"×"表示不成立。

可见，同时满足六个性质的理想无量纲化方法并不存在，相比而言，标准化法、规格化法和功效系数法满足的性质最多，但是就无量纲化过程的稳定性来说，标准化法、均值化法、归一化法和向量规范法稳定性较好，而规格化法和功效系数法稳定性较差。

张卫华、赵铭军（2005）根据各无量纲化方法所做的等级排序与合理性等级排序的等级相关系数对无量纲化方法进行优选，通过实证分析得到的结论是：在多指标评价问题中，用极值化法（规格化法）对指标无量纲化处理是不可取的，均值化

① 根据上文方法的介绍，这里对无量纲方法的名称在原文基础上进行了一定调整。

法是最优量化方法；当采用线性综合评价模式时，建议应用标准化法处理。

通过比较，我们找出了几个性质较好的无量纲化处理方法，但具体该用哪一种方法来处理指标的量纲问题，还要视其后的动态指数方法选择。

5.3　财务指标信息的合成

我们建立了财务指标体系，体系中的单个指标使我们认识了企业财务状况的不同侧面，但是单个指标的信息是零散和片面的，因此财务指数是对这些财务信息的综合反映。

5.3.1　多指标信息汇总与综合评价

财务指标信息的合成，即多指标信息的汇总问题，是指通过一定的算式将多个指标对事物不同方面的信息综合在一起，以得到一个整体性的信息值或评价值，它属于综合评价研究的范畴。综合评价即从评价指标体系反映的多个方面对评价对象进行客观、全面的评判。

目前综合评价的理论发展较为成熟，形成了大量可供实际操作的评价方法体系，但是这些综合评价方法并不全都适用于我们这里讨论的多指标合成问题，主要有两个原因：①评价指标性质不相符，有些综合评价需要给出评价指标的理想或最优状态值，如灰色关联度评价、TOPSIS法；有些需要给出评价结果的等级评价集，如模糊综合评价；有些要求将评价指标区分为"投入"与"产出"两个类别，如数据包络分析法（DEA），财务指数的评价指标是各类财务比率，对此是很难客观给出各比率的最优水平值，也没有对应的财务状况等级水平的客观标准，或者也可以说，围绕我们研究的主题并没有讨论这类问题的必要，当然这些财务比率的性质也不能被区别为"投入"与"产出"类型指标。②评价的结果不符合，如前所述，灰色关联度评价和 TOPSIS 法分别是给出各评价对象与最优状态的相关性和相对距离，模糊综合评价是给出评价对象所处等级状态，数据包络分析法是给出评价对象的"产出"与"投入"效率比值，这些综合评价的输出结果都不符合财务指数编制的需求，因为我们的目的是通过对多指标信息的处理，得到一个综合信息值。虽然以上提到的这些方法都是近年来综合评价发展的较新内容，但是由于这些约束限制，都不适用于我们的研究。

5.3.2 多指标信息汇总的方法

可用于指标合成的方法较多，我们需要根据被评判的事物特点进行选择，这需要对这些合成方法的算式、特点作一系统分析。

（1）线性加权合成法

该方法又称作"加法"合成法，基本公式如下：

$$y = \sum_{j=1}^{m} w_j x_j$$

y 是被评价对象的综合评价值，w_j 是第 j 个评价指标相应的权重系数，x_j 是第 j 个指标值（已经过相应的预处理），$0 \leqslant j \leqslant m$，$\sum_{j=1}^{m} = 1$，下同。线性加权合成法具有以下特性：

①线性加权合成法适用于各评价指标间相互独立的场合，各指标对综合评价值的贡献彼此没有影响，若各评价指标之间不独立，结果必然是信息的重复，也就难以反映客观实际。

②线性加权合成法可使各评价指标间得到线性的补偿，即某些指标值的下降可由另一些指标值的上升来补偿，任一指标

值的增加都会导致综合评价值的上升，任一指标值的下降都可用另一指标值的相应增量来维持综合评价值的不变。因而这种合成方法对不同被评价对象的差异反映不大敏感，其区分的灵敏度相对乘法合成法等其他方法低一些。

③线性加权合成法中权重系数的作用比在其他"合成"法中更明显，因此该方法会突出指标值或指标权重较大者的作用。

④线性加权合成法对指标数据没有什么特定要求，并且计算简便，便于推广普及。

（2）非线性加权合成法

该方法又称作"乘法"合成法，基本公式如下：

$$y = \prod_{j=1}^{n} x_j^{w_j}$$

美国社会卫生组织评价经济发展基本需要的程度时，就是采用的乘法合成法构造的指标，称为 ASHA 指标。与其他合成方法相比，乘法合成法具有以下特性：

①乘法合成法适用于各评价指标间有强烈关联的场合。

②乘法合成法强调被评价对象各指标值的一致性，也即是说，要求被评价对象在各指标方面均衡发展、彼此差异较小，这是由于乘积运算的性质会突出评价指标值中较小者的作用。

③在乘法合法成中，指标权数的作用不如加法合成中那样显著。

④乘法合成法对指标值的数据要求较高，即要求无量纲指标值均大于或等于1，与加法合成相比，乘法合成计算上稍复杂些。

⑤乘法合成法对指标值变动的反映比线性加权法更敏感，更有助体现被评价对象之间的差异。

（3）加乘混合法

将上述两种合成方法组合在一起，可以得到一种兼顾的方法。混合的方式可以是多种多样的，大致可分为两类情况：一类是指标体系结构中的混合合成，在这种合成情形下，一般认为指标体系的组内指标间相关关系紧密，可使用乘法合成，而组间指标间关系相对不那么紧密，可以采用加法合成。另一类混合方法是同一指标子体系内部的合成方法也采用混合形式，这种处理方式更显繁琐，意义也不够突出，在实践中较少采用。

（4）主成分分析法

作为数理统计重要分支的多元统计是对多个变量进行统计的一类定量分析方法，而多指标综合评价又恰恰属于一种多变量的定量分析问题，因此各种多元条件分析就被引入综合评价实践中，特别是主成分分析和因子分析，这里我们重点介绍主成分分析的思路原理。

主成分分析最早是作为多元数据的降维处理技术而提出的，后来逐渐被推广到样品的分类与排序。在一般情况下，不同评价指标之间有一定的相关性，指标间的信息往往会有所重叠，这就使我们考虑到对多变量数据进行最佳的综合简化，也就是说在力求数据信息丢失最少的原则下，对高维的变量空间降维，即研究指标体系的少数几个线性组合，并且这几个线性组合所构成的综合指标将尽可能多地保留原有指标变异方面的信息，这些综合指标就称为主成分。主成分是原始变量的线性组合，如下所示：

$$F_1 = \mu_{11}X_1 + \mu_{21}X_2 + \cdots + \mu_{p1}X_p$$
$$F_2 = \mu_{12}X_1 + \mu_{22}X_2 + \cdots + \mu_{p2}X_p$$
······

$$F_p = \mu_{1p}X_1 + \mu_{2p}X_2 + \cdots + \mu_{pp}X_p$$

并且满足（1）$\mu_{1t}^2 + \mu_{2t}^2 + \cdots + \mu_{pt}^2 = 1$；

（2）$Cov(F_i, F_j) = 0$，$i \neq j$，$i, j = 1, 2, \cdots, p$，即各 F_i 不相关；

（3）$Var(F_1) \geqslant Var(F_2) \geqslant \cdots \geqslant Var(F_p)$。

可以证明得到，第 i 个主成分的方差是原始变量的相关系数矩阵或协方差矩阵的第 i 大特征根 λ_i，其系数就是该特征根所对应的正交特征向量，因此我们据此计算出各主成分的系数值。而 λ_i 占所有特征根之和的比重也即是第 i 个主成分的贡献率 θ_i，它也等于第 i 个主成分的方差占所有主成分方差和的比重。最后，基于降维的思路，一般我们确定一个累计贡献率 θ，对应即可以用 n（$n<p$）个主成分来代替 p 个指标的信息，还可得到一个综合总指标 y：

$$y = \theta_1 F_1 + \cdots + \theta_n F_n \qquad \theta_+ \cdots + \theta_n = \theta$$

因子分析是主成分分析的推广和延伸，它的核心是对若干个指标进行因子分析提取公因子，再以每个因子的离差贡献率作为权数与各个因子得分的乘积综合构造综合得分函数，这里我们不再赘述。

主成分分析用于多指标信息的合成，有以下特点：

①主成分可以提供两两不相关的"新变量"，应用到多元回归分析中，可以克服"多重共线性"对回归系数估计的影响，但是对于我们信息的合成却没有实质意义，因为主成分之间的不相关（信息不重叠），并不能保证原始变量之间的信息不重叠。

②由于各主成分之间不相关，因而合成时可以采用线性加权合成法，并且这里的权重可由各自贡献率确定，称之为信息量权数，这种确定权数的方法工作量少，并且有助于保证客观性，但另一方面，这样确定的权数却没有充分考虑指标本身的重要程度，这也是客观权重的不足。

③主成分分析会受到样本集合不同的影响，结果不具唯一性，即样本的选取、评价对象的多少、增删等，都会影响到主成分以及对应的权数的结果，这不便于横向和纵向比较。

5.3.3 财务指标信息合成的方法选择

综上所述，我们分析了多指标信息汇总的方法，除去主成分分析中使用较少主成分代替原始指标信息外，其余三种方法都是对原始指标以某种形式进行结合。由于财务指数是一个长时期编制的动态指数，因此需要保持较稳定的计算结构，而用经验数据得到的主成分分析法显然不符合这一基本要求，从而不能被选用。剩下的加法合成法、乘法合成法与加乘混合合成法，其具体差异可以总结如下：①从指标值间补偿作用看，加法合成是线性补偿，乘法合成法很少补偿，加乘混合合成法部分补偿；②从指标间关系看，加法合成法要求指标独立，乘法合成法指标可以相关，加乘混合合成法指标可以部分相关；③从权数作用看，加法合成权数作用显著，乘法合成权数作用不太明显，加乘混合合成法权数作用一般；④从指标值间差异变动的反映看，加法合成法对指标变动不敏感，乘法合成法对指标变动敏感，加乘混合合成法对指标变动较敏感；⑤从计算复杂程度看，由简单到复杂依次加法合成、乘法合成法、加乘混合合成法；⑥从合成结果看，加法合成法结果突出了较大评价值且权重较大的作用，乘法合成结果法的相对突出了较小评价值的作用；⑦从对合成指标的要求看，加法合成法对数据没有特定要求，乘法合成法要求数据大于或等于1。

对比我们所研究的财务指标特征，发现存在这样的问题：并不存在一个绝对完美的多指标信息合成法，不同的合成方法只是从不同的角度，出于不同的考虑，对评价对象做出的某种估计。基于此，我们的指数指标体系中的各类财务指标究竟应该采用哪一种形式进行信息汇总呢？需要根据前述的这些方法的特点，再结合我们的研究数据特征来加以判断分析。

我们研究的这些财务指标之间，必然存在相当大的相关性，这源于会计数据之间丰富的勾稽关系，从这个角度说采用乘法加成较好，特别是对同一类别下的财务指标，但是乘法模型的最大不足是要求原始指标数据大于或等于1，而这些财务指标指标值往往在1以下，从而使得乘法合成没办法实现，因此从这个角度来说我们只能选择加法合成。除去指标间相关性而外，加法合成在计算简便、权数作用显著等方面还是令人满意的。因此，在财务指数编制过程中，涉及信息汇总我们均采用加法合成形式。

5.4 景气指数的编制方法

目前，经济景气理论主要用于对经济周期波动的定量描述，主要借助于各种景气指数和景气信号法等。景气理论认为，经济波动是通过一系列经济变量的活动来传递和扩散的，任何一个经济变量本身的波动过程，都不足以代表宏观经济整体的波动过程。要反映宏观经济波动过程必须综合考虑各个变量的波动问题，因此景气理论也就是对多个变量波动的综合考察，来反映经济总体变动的一种理论方法体系。我们的财务指数构建，也正是借鉴了景气指数方法之于宏观经济波动监测的思路，力图综合多个财务指标的波动信息，用以刻画跟踪上市公司整体财务态势。以下是对几个常用的景气指数方法的简要概述。

5.4.1 扩散指数

扩散指数，又称扩张率，它是在对各个经济指标循环波动进行测定的基础上，所得到的扩张变量在一定时点的加权百分比，将每一个时点的扩张百分比都计算出来，就得到一个扩散指数的动态序列。其计算方法如下：

设某个指标体系共有 m 个指标，用第 i（i = 1，2，…，m）个指标在 t 期的发展水平与去年同期相比，令

$$I_i = \begin{cases} 1 & \dfrac{x_{i,t}}{x_{i,t-1}} > 1 \quad 上升 \\ 0.5 & \dfrac{x_{i,t}}{x_{i,t-1}} = 1 \quad 持平 \\ 0 & \dfrac{x_{i,t}}{x_{i,t-1}} < 1 \quad 下降 \end{cases}$$

那么 t 时刻的扩散指数为：

$$DI_t = \frac{\sum\limits_{i=1}^{M} i_I}{M} = \frac{上升指标个数 + 0.5 \times 持平指标个数}{指标总数} \times 100\%$$

从公式可得，扩散指数是报告期，处于上升状态的指标（扩散指标）和处于稳定状态的指标（半扩散指标）数在指标总数中的百分比。扩散指数在经济波动分析中具有重要作用：

（1）它由许多变化比较规则的重要经济变量综合而成，主要用于反映宏观经济运动的方向、经济扩张或收缩的程度，以及经济波动扩散的过程，比用任何单一指标都更具可靠性和权威性。

（2）由其计算公式可知，DI_t 在 0 到 100% 之间取值，通过它的取值可以将每一次波动分解为四个阶段。并且 DI_t = 50%，是划分景气与不景气空间的临界值，如果 DI$_t$ 是向上穿越 50%，该点称为景气上转点；如果是向下穿越 50%，该点又称为景气下转点。

（3）扩散指数在每一个阶段停留的时间代表经济波动在相应阶段扩散的速度，时间越长，扩散越慢。扩散指数达到峰值

或峰谷的数值，则说明经济扩张或衰退的极限程度。不同周期的峰值或峰谷数值的比较，可以说明经济景气或不景气的程度变化，还可反映经济振荡的程度。

5.4.2　合成指数

扩散指数作为宏观经济监测体系的一种基本构造方法在 20世纪 50 年代确立并广泛应用，但这一方法存在着不能反映经济波动幅度、干扰较大等缺陷，为此美国商务部经济分析局的首席经济学家希斯金于 20 世纪 60 年代提出了合成指数法（composite index，CI），又称景气综合指数，并于 1968 年用于实际分析。

合成指数是由一类特征指标以各自的变化幅度为权数的加权综合平均数。它是将各种不同计量单位的景气指标值转变为无量纲的增长率型数值，然后经过一系列标准化处理，综合成一个定基指数。具体计算步骤如下：

第一，求各指标不同时期的对称变化率，对称变化率是本期相对上期的增长量与两期的总和比较而得出的比值，实质上就是 i 指标 t 时期改进了的增长速度百分比，目的在于使数列保持均匀性。

$$C_{it} = \frac{d_{i,t} - d_{i,t-1}}{(d_{i,t} + d_{i,t-1})\ /2} \times 100$$

其中，i 为 k 个指标的编号（$i = 1,\ 2,\ \cdots,\ k$），t 为 n 个观测值的编号（$t = 1,\ 2,\ \cdots,\ n$）。

第二，对 C_{it} 进行标准化，计算各期的标准化数值。

$$S_{it} = \frac{C_{it}}{\sum\limits_{t=2}^{n} |C_{it}|\ /(n-1)}$$

上式中的分母又称为标准化因子。标准化的目的在于防止某些易于波动的数列在计算结果中占支配地位而影响结果的质量。

第三，对各指标的标准化值进行加权平均，得到加权平均变化率 R_t。

$$R_t = \frac{\sum_{i=1}^{k} S_{it} W_i}{\sum_{i=1}^{k} W_i}$$

W_i 为第 i 个指标的权数。各个指标在监测和预警系统中的重要性不一样，则以不同的权数加以反映。

第四，对各指标平均变化率进行标准化，得到标准化变化率 V_t。

$$V_t = \frac{R_t}{F}$$

其中 F 为标准化因子，计算公式为 $F = \dfrac{\sum_{t=2}^{n} |R_t| / (n-1)}{\sum_{t=2}^{n} |P_t| / (n-1)}$，$P_t$ 是一致指标组的 R_t，因此，对一致指标来说 $F = 1$。

可以看出，R_t 是一个表明增长率的数值，F 是一个调整系数，从而得到 V_t 仍然是一个表明增长率型的数值。

第五，对 V_t 进行综合，求得初始综合指数 I_t。

$$I_t = I_{t-1} \times \left(\frac{200 + V_t}{200 - V_t} \right)$$

一般令 $I_0 = 100$。

最后，求得合成指数 CI_t，计算公式为 $CI_t = \dfrac{I_t}{b}$，其中 b 为基期年各组初始综合指数的月平均值，计算公式为 $b = \dfrac{1}{12} \sum_{t=1}^{12} I_{0t}$。

可见，合成指数不仅显示各指标的波动状态，而且将它们的波动程度加以综合。它除了能预示市场经济波动的转折点外，还能在某种意义上反映经济循环变动的强弱。不过，合成指数的不足表现为，在景气转折点的判断方面无法显示经济各部门之间的经济波及、渗透程度，此外指数的编制过程较为繁琐复杂，不宜于推广使用。在实际宏观经济监测预警中，一般用扩散指数分析经济波动转折点等质的方面的问题，而用合成指数分析与过去比较的经济变动程度的大小及速度等量的方面的问题。

5.4.3　景气指数方法的比较与应用

（1）两种景气指数的主要特点

尽管扩散指数在经济波动分析中具有重要作用，但从其计算原理来看，扩散指数是把指标的任何一个上升好转，都看作一个单位的扩散指标数来计算，只考虑了上升与持平指标的个数，而对其上升幅度以及下降的幅度不加以考虑，使得扩散指数在进行监测预警时只能作出景气上升或下降的方向及转折点位置的判断，而不能反映出景气上升或下降的程度。

合成指数在扩散指数的基础上，不仅能显示各指标的波动状态，而且将它们的波动程度加以综合。它除了能预示市场经济波动的转折点外，还能在某种意义上反映经济循环变动的强弱。合成指数虽然弥补了扩散指数在分析经济动态时的不足，但也有自身的缺陷，这种缺陷表现为在景气转折点的判断方面无法显示经济各部门之间的经济波及和渗透程度。此外，合成指数的编制过程很繁琐，这限制了这一景气指数方法在其他领域的广泛应用。

（2）景气指数的应用

我国是在20世纪80年代中期开始景气研究的，积极倡导者是吉林大学的董文权教授，后来国家统计局、国家信息中心等政府机构也开始了这方面的研究并于 20 世纪 90 年代正式投入应用。国家统计局于 1996 年成立了中国经济景气监测中心，该中心负责监测中国宏观经济景气的走向，预测发展趋势，每月向国内、国外发布国民经济月度和年度经济指标。

到目前为止，我国经济领域的景气指数主要有国家统计局发布的宏观经济景气指数、企业家信心指数、消费者信心指数、经济学家信心指数和国房景气指数，以及电力供应、煤炭采选、钢铁生产等重要行业的景气指数等。我国地方政府和社会上一些研究机构也推出了一些景气指数，如深圳市失业监测预警系统、青海省国民经济监测预警系统等。

就方法来说，两种景气指数在实际经济问题中都得到了应用。其中，国家经济信息中心推出的中经经济指数体系，就通过计算合成指数预测宏观经济的周期变化情况，刻画宏观经济波动的程度等。扩散指数法虽然说明问题较为粗糙，但是对数据资料要求相对简单，目前主要应用于我国的企业景气调查中。我国企业景气调查是通过对企业家进行定期的问卷调查，调查企业家对企业经营情况及宏观经济状况的判断和预期，这些判断和预期采用"好"、"一般"、"不好"或"上升"、"不变"、"下降"来表达，然后利用扩散指数方法将这些定性的判断定量化，编制了企业家信心指数、企业景气指数。类似的还有消费者信心指数、经济学家信心指数。

此外，合成指数方法还应用在了除宏观经济领域外的其他领域，但由于合成指数编制过程的烦琐，以及编制指标的不同特点，这些应用并没有完全严格地按照合成指数的编制方法，更多的是以其编制思想为基本框架，对指数形式进行了相应的修改调整。比如国家统计局经济景气监测中心推出的国房景气指数，它是综合反映全国房地产业发展景气状况的总体指数，国房景气指数可以从土地、资金、开发量、市场需求等角度显示全国房地产业基本运行状况、波动幅度，预测未来趋势。国房景气指数的编制具有以下几个特点：采用功效系数法来消除量纲，专家法确定权数，指数的具体计算形式较合成指数更为简练，采取的定基指数形式编制。

财务指数是景气理论之用于上市公司财务态势监测，综合各景气指数编制方法的特点与在实际中的应用，可以看到就方法来说，合成指数法更适用，但是与国房景气指数相似，不能是对该方法的简单照搬，而需要考虑我们研究数据的特点表现，加以重新调整，这需要我们从更一般的统计指数编制方法入手。

5.5　统计指数的编制方法

由上，我们已看到国房景气指数的计算形式已与美国商务部的合成指数存在较大差异，而来源于更具普遍意义的"统计指数"方法的应用，可以说各类景气指数的本质都是统计指数。在 2.3.1 节，我们已明确了上市公司财务指数是一类具有质量属性的动态总指数，因此有必要对统计指数的基本方法理论加以讨论研究。

5.5.1　统计指数的概念与作用

统计界认为，指数的概念有广义和狭义两种理解。广义的指数泛指所有研究社会经济现象数量变动的相对数，是用来表明现象在不同时间、不同空间、不同总体等相对变动情况的统计指标，例如，动态相对数，比较相对数、计划完成程度相对数等。狭义指数仅指反映不能直接相加的复杂经济现象在数量上综合变动情况的相对数，这里的复杂总体是指构成个体是不能直接相加的总体，如不同产品的产量、不同商品的价格等。零售物价指数、消费价格指数、股价指数等都属于狭义指数的范畴。广义指数产生于对动态对比概念的宽泛理解，一般地，普遍还是以狭义指数作为统计指数的准确界定，并且在此之下产生了丰富的统计指数方法理论。

统计指数作为统计方法的一个重要组成方面，在现实经济研究中得到了广泛的应用，其具有的特殊意义主要体现在几个方面：第一，可以反映复杂社会经济现象总体的综合变动方向和变动程度，这是统计指数最独特也是最重要的功能，这也正是我们编制财务指数的最根本目的——反映上市公司整体财务状况的综合变动方向和变动程度。第二，可以分析现象总体变动中各个因素的影响方向和影响程度，这是利用指数体系开展因素分析的重要作用，常用于企业经营分析或生产成本分析等领域。第三，可以对社会经济现象进行综合评价和测定，如我们将统计指数的理论与方法应用于景气经济研究，形成的各类景气指数对宏观经济进行监测预警，而综合评价方法中也有指数法。第四，可以分析研究社会经济现象在长时间内的发展变化趋势，当连续编制动态指数数列，就可以进行长时间的现象发展趋势分析，本书编制的财务指数就是一个动态指数数列，因此可以用于分析上市公司财务状况长时间的发展趋势。第五，在现代金融产品创新中，统计指数也发挥了重要作用，这主要是指各类以股票价格指数为标的物的指数期货、指数基金等现代金融投资工具，这或许也可成为我们的财务指数未来应用的可能方向之一。

5.5.2 简单指数法

财务指数是一个质量指标的动态总指数，在此我们以质量指标指数为例，来探讨一下总指数编制的基本方法。首先，我们对下文用到的字母符号进行约定：$\bar{K}$ 表示总指数，p 表示质量指标，q 表示数量指标，下标 0 表示基期的取值，下标 1 表示报告期的取值，N 表示构成总体的个体事物个数，下同。

简单指数法是指不用权数编制的总指数方法，实质是排除了所反映的多种事物的各自不同的重要性和影响力。主要有以下几种计算形式：

简单综合法：$\bar{K}_p = \dfrac{\sum p_1}{\sum p_0}$

简单算术平均法：$\bar{K}_p = \dfrac{1}{N} \sum \dfrac{p_1}{p_0}$

简单调和平均法：$\bar{K}_p = \dfrac{1}{\dfrac{1}{N} \sum \dfrac{1}{p_1/p_0}} = \dfrac{N}{\sum \dfrac{p_0}{p_1}}$

简单几何平均法：$\bar{K}_p = \sqrt[N]{\prod \dfrac{p_1}{p_0}}$

综合所有简单指数的编制方法来看，简单指数法计算方法简便，但是由于没有结合各组成个体的重要性，其计算结果只能是对研究现象粗略的概括反映，不是编制指数的完美方法，仅在资料有限的情况下加以运用，在现实经济研究中很少使用。

5.5.3　加权综合法指数

加权综合法指数是将不可同度量的经济变量通过另一个相关的变量转换成可直接相加的总量指标，这一相关变量又称作同度量因素，既有同一尺度的作用也有权数的作用，然后借助加总的总量指标对比结果来说明复杂现象综合变动的一种指数编制方法。加权综合法指数的基本计算形式：

质量指标指数：$\bar{K}_p = \dfrac{\sum p_1 q}{\sum p_0 q}$ ；数量指标指数：$\bar{K}_p = \dfrac{\sum q_1 p}{\sum q_0 p}$

可见，总量指标的变动不仅包含了所研究指标（又称作指数化指标）的变动，还包括了同度量因素的变动部分，因此需要将同度量因素的所属时期固定下来。将同度量因素固定在哪个时期，理论界有不同的看法，由此形成了实践中最广泛使用的拉氏指数和派氏指数。

拉氏指数是德国经济学家埃蒂恩·拉斯贝尔（Etienne Laspeyres）1864 年提出的，故称作拉氏指数。该指数的特点就是将同度量因素的时期固定在基期。

拉氏质量指标指数：$\bar{K}_p = \dfrac{\sum p_1 q_0}{\sum p_0 q_0}$

派氏指数是德国经济学家哈曼·派许（Hermann Pasche）在 1874 年提出的，故称派氏指数。该指数是将同度量因素固定在报告期。

派氏质量指标指数：$\bar{K}_p = \dfrac{\sum p_1 q_1}{\sum p_0 q_1}$

加权综合法指数借助总量指标对比结果来说明复杂现象的综合变动，是假定同度量因素不随基期或报告期的变动而变动，而这种假设在现实中是不符合实际情况的，因此不论是哪一种指数形式，其计算结果都带有近似性质。就同一样本资料计算，由于权数的不同，拉氏指数和派氏指数得到的结果是有差异的，通过比较分析可得，拉氏指数更偏重单纯反映指数化指标的综合变动，而派氏指数结果则包含了同度量因素与指数化指标的共变部分，但是现实经济意义却好于拉氏指数。在实践中究竟采用哪一种指数形式，需要根据不同的研究对象、目的，以及资料取得的难易程度来决定，从经验看，也为形成一套可用于因素分析的指数体系，理论界与实务界更多地以拉氏指数作为数量指标指数的编制形式，以派氏指数作为质量指标指数的编制形式。

5.5.4　其他加权综合法指数

我们看到综合法指数有两大基本形式——拉氏指数和派氏指数，由于同度量因素固定时期的不同，结果通常存在差异，并且其结果也各具特点。为了调和两者的差异，经济学家和统计学家试图对两者的计算公式进行改造，形成了一些其他加权综合法指数的编制方法。

（1）阿瑟·杨格指数

英国经济学家杨格（A. Young）提出以同度量因素的若干时期平均量或常态时期的实际量作为权数，其公式为：

$$\bar{K}_p = \frac{\sum p_1 \dfrac{\sum q}{n}}{\sum p_0 \dfrac{\sum q}{n}}$$

$\dfrac{\sum q}{n}$ 为 n 个时期 q 的算术平均值。该指数得到一些经济学家的赞同，美国劳工统计局曾用于编制批发物价指数。

（2）马埃指数

该公式先后由英国经济学家马歇尔（Alfred Marshall）和统计学家埃奇沃斯（F. Y. Edgeworth）于 1887—1890 年间提出，通常称为"马歇尔—埃奇沃斯指数"，简称马埃指数。它是对拉氏指数和派氏指数的权数（同度量因素）进行平均的结果，公式为：

$$\bar{K}_p = \frac{\sum p_1 \dfrac{(q_1 + q_0)}{2}}{\sum p_0 \dfrac{(q_1 + q_0)}{2}} = \frac{\sum p_1 q_0 + \sum p_1 q_1}{\sum p_0 q_0 + \sum p_0 q_1}$$

按照马埃指数计算的结果会介于拉氏指数和派氏指数的计算结果之间，它是对拉氏指数和派氏指数的权偏误的修正方法之一，但却失去了两者的经济意义。

（3）理想指数

该公式由美国经济学家沃尔什（G. M. Walsh）和庇古（A. C. Pigou）等人于1901—1902年间先后提出，它是对拉氏指数和派氏指数求简单几何平均，公式如下：

$$\bar{K}_p = \sqrt{\frac{\sum p_1 q_0}{\sum p_0 q_0} \times \frac{\sum p_1 q_1}{\sum p_0 q_1}}$$

著名经济学家、统计学家费雪（Irving Fisher）在他1911年出版的《货币购买》一书中，对指数计算方法加以论述，认为拉氏指数和派氏指数均存在偏误，并且偏误的方向相反，比如在价格和需求呈负相关的静态经济场合，拉氏指数一般会高估，称为"上偏误"，而派氏指数会低估，称为"下偏误"。费雪认为真实的指数应该存在于两者之间，因此对其进行几何平均会接近真值。在费雪1927年出版的著作《统计指数的编制》中，他更系统地总结了各种指数公式的特点，并提出了对指数优劣的三种检验方法——时间互换检验、因子互换检验和循环检验，绝大多数指数公式不能全部通过这三个检验，只有理想指数公式通过了全部检验，因此费雪将该公式命名为"理想指数"。但是理想指数与马埃指数一样，缺乏明确的经济意义。

5.5.5　加权平均法指数

加权综合法指数对数据资料的要求较高，需要有详细的质量指标和数量指标的报告期与基期的数据，因此在实践中又常采用加权平均法指数。加权平均法指数是对个体指数进行加权平均得到的，思想是多个个体的总变动程度是各个个体变动程度的一般水平。

①加权算术平均法指数：$\bar{K}_p = \dfrac{\sum \dfrac{p_1}{p_0} w}{\sum w}$

②加权调和平均法指数：$\bar{K}_p = \dfrac{\sum w}{\sum \dfrac{1}{p_1/p_0} w}$

③加权几何平均法指数：$\bar{K}_p = \sum \sqrt[w]{\prod \left(\dfrac{p_1}{p_0}\right)^w}$

在实践中，由于资料的限制，很多的指数均采用平均法指数形式，如我国的消费者价格指数即是采用第①种指数编制方法，这里的权数 w 是居民的消费构成比重，实际编制时 w 是根据上一年城乡居民家庭消费收支调查资料中，居民家庭消费购买的各种代表性商品的消费支出额占全部代表性消费商品支出总额的比重确定的，采用每年调整一次权数，年内各月、各季的权数不变，这样的指数形式避免了每次编制指数权数资料来源的困难。第③种加权几何平均法指数，其结果位于算数平均法与调和平均法指数结果之间，具有较好的趋中修匀作用，在数据变动幅度较大情况下使用较好，目前主要是我国人民银行总行编制的批发物价指数（WPI）采用，而在其他领域应用较少。

平均法指数和综合法指数分别从两个途径来解决不同度量现象的对比问题，其计算结果的经济意义是一致的，并且在一定条件下，两者还会完全等价：当平均法指数的权重 w 是对应的总量指标，即 $w = p \times q$ 时，如果 w 固定在基期并采用加权算术平均法，则等价于拉氏综合法指数；如果 w 固定在报告期并采用调和平均法，则等价于派氏综合法指数。

5.5.6 统计指数编制方法的比较

以上，我们共介绍了四大类总指数的编制方法，其中，简单指数法是最简单也是最粗糙的编制方法，不管是经济意义还是统计意义都有明显缺陷。

拉氏指数和派氏指数是加权综合法指数编制的最基本形式，拉氏指数将同度量因素固定在基期，偏重单纯反映指数化指标的综合变动；派氏指数将同度量因素固定在报告期，其结果包含了同度量因素与指数化指标的共变部分，但是较拉氏指数有更好的现实经济意义。

由于拉氏指数和派氏指数在同度量因素固定时期的选择不同，导致结果存在偏差，为了调和两者结果的差异，从而形成了马埃指数、理想指数等指数编制公式。这些公式具有较好的性质，能够通过更多的统计检验，但是却有不可避免的不足：缺乏明确的经济意义，更多的是数理逻辑而非经济分析的产物，这一不足也影响了指数体系的因素分析作用，因此在实际应用中该类指数并没有得到广泛的使用。

加权平均法指数是以各个个体变动程度的一般水平来代表总指数变动水平，与加权综合法指数的编制思路不相同，但两者在一定条件下的结果是等价的。而另一方面，由于平均法指数对数据资料的要求较为宽松，因此在实践中得到了更多的应用。

综上所述，关于统计指数编制方法的比较，有如下几点结论：

第一，简单综合法指数由于有明显缺陷，除非是完全没有其他相关信息资料，一般不会选择采用。

第二，其他加权综合法指数具有良好的数学性质，能够通过更多的统计检验，但是这类指数没有直观的经济意义。

第三，综合法指数和平均法指数是实践中应用最多的指数形式，两者的差异来源于对总指数构造的不同思路。比较而言，综合法指数要求掌握详细的数据资料，而平均法指数对数据资料的要求不如综合法指数那么严格，使用更灵活。两种编制方法下的总指数在较为严格的条件下会有等价的关系，但是在一般情况下，往往存在显著差异。

5.6 财务指数的编制方法

5.6.1 编制方法的选择原则

财务指数究竟应该选择哪一个编制方法，应根据研究对象的特点来判断。通过以上的分析比较，在指数编制方法的选择上，有以下几点原则：

第一，应以加权指数公式为基本形式。加权指数公式结合了各构成个体的重要性和影响力，优于孤立研究指数化指标变化的简单指数法，特别是对于质量指标指数，考虑个体的重要性更具实际意义，因此简单指数法不应该在财务指数编制方法的考虑范围之内。

第二，究竟选择哪一种指数编制方法，应该以有关数据资料的占有情况为基础，占有资料越详细越可以考虑更复杂、成熟的编制方法。对于本书的财务指数，由于证券市场信息的公开性，可获取的资料相对系统且详细，为我们选择成熟的指数编制方法提供了良好的基础。

第三，要充分考虑计算结果的经济含义。优良的数学性质与良好的经济意义是个两难的选择，两相比较我们更侧重计算结果的经济意义，因为数学计算公式只是我们进行经济分析的手段与工具，而分析的根本目的还是其结果对现实经济的揭示意义，抛开了其根本目的而片面追求计算公式的完美，会有本末倒置之嫌。如前所述，虽然理想指数或马埃指数从数学性质上说有较好的特性，但是其直观的经济意义却不明确。

第四，要考虑研究对象的多样性问题。一般的统计指数研究对象虽然不可相加但是性质是单一的，如价格指数研究对象是各类商品的价格，产量指数研究对象是各类产品的产量，成本指数研究对象是各类产品的生产成本等，而本书的财务指数研究对象是各上市公司的各个财务能力，由于牵涉到多层次信息，因此在编制过程中更需要考虑数据的可比性。

通过以上的分析，我们可以将简单指数法和其他加权综合法指数排除在外，而实际对于综合法和平均法指数的编制方法，就目前的资料条件，财务指数均可以采用，由此我们进一步分析两种方法的适用性。

5.6.2 综合法指数的适用性分析

综合法指数的基本计算公式为：$K_{t/(t-1)} = \dfrac{\sum P_t w}{\sum P_{t-1} w}$。其中，

K 是财务指数，P 是指数化指标，w 是既是同度量因素又是权数（这里的权数只能是相对权重形式），下标 t 表示是第 t 期，即研究的时期，统计学中又称为报告期。

综合法指数的编制过程中，牵涉双重信息汇总的问题：研究对象的多样性与研究内容性质的多样性。对于各编制时期 t，均有如下的指标信息需要处理。

$$\text{公司 } 1: \quad X_{11} \quad X_{12} \quad \cdots \quad X_{1n}$$
$$\text{公司 } 2: \quad X_{21} \quad X_{22} \quad \cdots \quad X_{2n}$$
$$\cdots \quad \cdots \quad \cdots \quad \cdots$$
$$\text{公司 } n: \quad X_{n1} \quad X_{n2} \quad \cdots \quad X_{nn}$$

即每一编制时期，都有 n 个样本公司的 $1\sim m$ 个财务指标值，共计 $n\times m$ 个数据需要汇总，汇总途径有两条：一是先横向汇总再纵向汇总；二是先纵向汇总再横向汇总。横向汇总是样本公司内部各指标的信息的汇总，纵向汇总是同一指标下各样本公司的数据汇总，由此就形成了两种含义的 P：一是 P 为对应时期的每一样本公司的所有财务指标的信息合成，由此权数 w 是样本公司的权重，$\sum p_t w$ 即是 t 期的上市公司财务信息总指标；二是 P 为对应时期的每一财务指标对所有样本公司的信息合成，由此权数 w 是各指标的权重，$\sum p_t w$ 同样是 t 期的上市公司财务信息总指标。具体整理后，综合法财务指数的最终编制模型可以分别表达为：

$$K_{t/(t-1)} = \begin{cases} \dfrac{\sum\limits_{i=1}^{n} P_{it}\phi_{it}}{\sum\limits_{i=1}^{n} P_{i(t-1)}\phi_i(t-1)}, & \text{其中 } P_{it} = \sum\limits_{j=1}^{m} X_{ijt}\theta_j \\[3em] \dfrac{\sum\limits_{j=1}^{m} P_{it}\theta_j}{\sum\limits_{j=1}^{m} P_{j(t-1)}\theta_j}, & \text{其中 } P_{jt} = \sum\limits_{i=1}^{n} X_{ijt}\phi_i \end{cases}$$

这里，X_{ijt} 表示 i 公司第 j 个指标 t 期数值，θ_j 表示第 j 个指标的权重，m 表示评价指标个数。ϕ_i 表示 i 公司的权重，n 表示样本公司数。$K_{t/(t-1)}$ 为 t 期同期环比财务指数。

5.6.3　平均法指数的适用性分析

平均法指数是由各个个体指数加权汇总后得到总指数的方法，其计算的基本形式是：$K_{t/(t-1)} = \sum I_{t/(t-1)} w$。同样的，$K$ 是财务指数，$I_{t(t-1)}$ 是 t 期的环比个体指数，w 是权数。对于如图 5-2 一样的指标信息，平均法指数也需要对指标信息进行汇总，与综合法指数不同的是，这里汇总的不是指标数据而是各数据的个体指数。具体来说，平均法指数形式下的财务指数编制模型如下：

$$K_{t/(t-1)} = \sum_{j=1}^{m} I_{jt/(t-1)} \theta_{jt}, \text{其中} I_{jt/(t-1)} = \frac{\overline{X_{jt}}}{\overline{X_{j(t-1)}}}, \overline{X_{jt}} = \sum_{i=1}^{n} X_{ijt} \phi_{it}$$

同样的，X_{ijt} 表示 i 公司第 j 个指标 t 期数值，ϕ_{it} 表示 i 公司 t 时期的权重，n 为样本公司数，则 $\overline{X_{jt}}$ 即是样本公司 j 指标 t 期的加权平均数，$I_{jt/(t-1)}$ 是 j 指标 t 期的环比个体指数；θ_{jt} 表示第 j 个指标 t 期的权重，m 是评价指标个数，$K_{t/(t-1)}$ 为 t 期的同期环比财务指数。

5.6.4　财务指数编制方法的确定

通过综合法指数和平均法指数的适用性分析，可以看到以综合法指数形式构造财务指数时，是先对每一时期的所有样本数据汇总后再进行动态比较，而平均法指数的处理方式是先对各财务指标进行动态对比后再汇总，两种方法的具体编制过程如图 5-2 所示。

采用综合法指数形式编制财务指数，从指数的构造形式上来说比较符合经验做法，如股票市场的价格指数、国内生产总值指数等。另一方面，指数的分子分母的意义较为直观便于理解，分别是两个对比时期的财务信息总指标。并且在综合法指

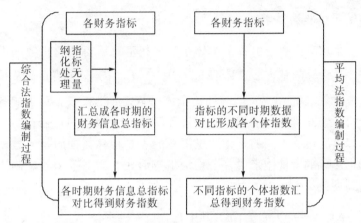

图 5 - 2　综合法和平均法指数编制过程对照图

数编制过程中，可以获取到更多的信息，如样本公司财务信息等。

　　采用平均法指数形式编制财务指数，其特点是计算简便，构造层次清晰。相对综合法指数来说，在编制过程中不能获取到各时期的财务状况的总体静态信息，而只能直接得到动态对比信息。

　　但是，两种编制方法的比较，归根结底最重要的应该是结果对财务状况的动态对比的准确性。因为各财务指标的不同量纲，在进行信息汇总前指标必须进行无量纲化处理。有关无量纲化方法我们在本章 5.2.2 节已详细分析，可知无论是哪一种处理方法，均需要涉及样本指标数据分布的参数，如平均值、标准差等，无量纲化后得到是相对这个参数的水平值，将所有样本相对水平值汇总以后数值只会是在某一特定值①附近。采用综合法指数的编制形式，需要对各时期的无量纲化指标值汇总

———————

　　① 如果采用均值化方法处理，汇总值在 1 附近；如果采用标准化方法处理，汇总值在 0 附近。

后才能进行动态对比，然而各时期的各指标值的分布是各不相同的，因此各时期的相对水平值也并不具可比性，对这些相对水平值进行动态对比是没有意义的，只能用于横向的内部比较。平均法指数的处理方式是，先对各财务指标动态对比后再汇总，由于是相同指标间的动态对比，对比得到的是一个无量纲的相对数，因此不同指标的动态对比相对数就可以直接汇总，而不需要事先对指标进行无量纲化处理，从而也就避免了综合法指数所面临的困境。

由此，通过上述分析，上市公司财务指数采用平均法指数形式进行构造，具体编制模型如5.6.3节所示。

5.7 本章小结

本章详细分析了财务指数具体编制过程中的方法应用。

首先，为保证不同评价指标的可共度性，文章给出了指标同向化和指标无量纲化的各种方法，并对各种方法进行了比较。

由于财务指数是对多指标信息的汇总，文章进一步介绍了适用于财务评价领域的各种多指标汇总的方法，以及这些方法的适用特点，由此指出了适用于财务指数构建的多指标信息汇总只能采用加法合成形式。

另一方面，财务指数不仅是多指标信息的汇总，还是一类动态指数。因此，本书首先分析了经济景气中的扩散指数、合成指数的具体编制、特点与比较，指出合成指数的形式更适用于财务指数的编制，但不能是对该方法的简单照搬，而需要从更一般的统计指数方法入手加以重新调整。

由此，本章文章介绍了统计指数编制的四类基本方法，并

　　对这些方法进行了比较分析，提出了财务指数编制方法选择的四点原则，指出只有加权综合法指数和加权平均法指数符合财务指数编制的要求。基于此，文章对两种方法就财务指数的编制分别给出了具体的编制模型，对其适用性进行了深入的分析与比较，最终得到财务指数的编制只能采用加权平均法指数形式的结论。

上市公司财务指数的生成

　　本章明确了本书财务指数编制的样本选择，通过经验数据的收集整理，首先计算得到各样本期间财务指标的客观权重，结合第4章的指标专家权重，得到了财务指标的最终权重。以此，结合第5章的财务指数编制模型，最终生成了我国上市公司财务指数的实际数据。

6.1　编制样本的说明

6.1.1　样本的选择

　　本书拟编制样本财务指数，具体是以沪深300指数的样本股公司，剔除掉金融类上市公司，作为财务指数的编制样本。

　　之所以选择沪深300指数的样本股为财务指数编制的样本，是基于以下几点考虑：①沪深300指数的样本覆盖了沪深股市70%左右的市值，具有良好的市场代表性和可投资性；②对比上证指数、深证综指等，沪深300指数的样本股涵盖了两个交易市场的上市公司，是沪深交易所联合发布的第一只跨市场指数，其信息会更综合全面；③沪深300指数是受到市场关注最多的指数之一，它是国内第一只股指期货的指数，被境内外多家机构开发为指数基金和交易型开放式指数基金（exchange trade funds，ETF）产品，是A股股票指数中跟踪资产最多、使用广泛度最高的指数；④沪深300指数的样本由沪深A股中规模大、流动性好、最具代表性的股票组成，并剔除掉了ST、*ST和暂停上市股票，而这类公司由于处于特殊时期，其财务指标往往不具可比性，因此，以沪深300指数的样本为财务指数的编制样本，其财务信息特征会具有良好的市场全面性、代表性、关注度以及可行性，并且还可进一步考察财务指数与沪深300

指数之间的对应联系，以挖掘我国股票市场更多方面的发展特征。

6.1.2 具体样本公司的产生与调整

沪深 300 指数的样本股构成中，其选股条件有：①上市时间超过一个季度，除非该股票自上市以来的日均 A 股总市值在全部沪深 A 股中排在前 30 位；②非 ST、*ST 和非暂停上市股票；③公司经营状况良好，最近一年无重大违法违规事件、财务报告无重大问题；④股票价格无明显的异常波动或市场操纵；⑤剔除其他经专家委员会认定不能进入指数的股票。在此基础上，沪深 300 指数主要选取规模大、流动性好的股票作为样本股，具体的选样方法是：对样本空间股票在最近一年（新股为上市以来）的日均成交金额由高到低排名，剔除排名后 50% 的股票，然后对剩余股票按照日均总市值由高到低进行排名，选取排名在前 300 名的股票作为样本股。

沪深 300 指数的样本股的调整分为定期调整和临时调整。定期调整主要是原则上的每半年调整一次，一般在 1 月初和 7 月初实施调整，每次调整的比例不超过 10%，并且最近一次财务报告亏损的股票原则上不进入新选样本，除非该股票影响指数的代表性。临时调整主要是对符合样本空间条件，且总市值（不含境外上市股份）排名在沪深市场前 10 位的新发行股票，启用快速进入指数的规则，即在其上市第十个交易日结束后进入指数，同时剔除原指数样本中最近一年日均总市值排名最末的股票，此外当样本股公司发生合并、收购、破产、退市或暂停上市等情况时，也会出现样本股临时调整。

财务指数的样本股组成将与沪深 300 指数样本股保持完全一致的步调。这里需要特别说明的是，由于金融类公司财务评价指标的特殊性，这里我们将各期样本股中的金融类公司都剔除在外，当然这样做在代表性方面会有一定缺失，这也是我们下一步研究的重点方向之一。

6.1.3 样本公司的权重确定

沪深300指数是以自由流通股比例的调整股本为权数，其调整股本根据分级靠档方法获得，具体处理如表6-1：

表6-1 股票权数的分级靠档

自由流通股比例（%）	≤10	(10, 20]	(20, 30]	(30, 40]	(40, 50]	(50, 60]	(60, 70]	(70, 80]	>80
加权比例（%）	自由流通股比例	20	30	40	50	60	70	80	100

自由流通股比例是指公司总股本剔除以下基本不流通的股份后的股本比例：①公司创建者、家族和高级管理者长期持有的股份；②国有股；③战略投资者持股；④冻结股份；⑤受限的员工持股；⑥交叉持股等。

表6-1的分级靠档处理思路是，当样本股的自由流通股比例在10%以下，则采用自由流通股本为权数；当样本股的自由流通股比例落在（10，20]区间，对应的加权比例为20%，即以样本股的总股本的20%作为权数，以此类推。

财务指数编制中的样本公司权重也以自由流通股的分级靠档调整股本为公司权重，这一处理思路是为了保证财务指数能更真实反映流通市场公司财务特征的综合动态演变，而分级靠档技术可以降低由于股本频繁变动而引起的指数的结构性变动，当然更重要的也是为了使财务指数与沪深300指数能够完全对应。为与第5章中的公式一致，在实际中是对各调整股本做归一化处理，即以各公司的调整股本占比为权重。

6.2 数据来源与基期的确定

6.2.1 数据来源

本书所需数据均来自于国泰安上市公司数据库 CSMAR 系统，在获取数据时，由于存在某些样本公司部分数据缺失，笔者删除了各类别下缺失数据的部分样本，用剩余样本予以构建上市公司的财务指数。

6.2.2 基期确定

财务指数的基期确定，从经济意义与可比性来说，以 2007 年为宜。因为 2007 年是我国企业新会计准则开始实施的起点，可以以此作为一个对比的基点，此后的会计数据均是在同一会计准则基础下的产物，如此能较好地保证一致性。不过 CSMAR 系统对数据库的所有数据均基于新会计准则予以了调整，使得我们的研究空间得以扩展。

另一方面，沪深 300 指数是沪深证券交易所于 2005 年 4 月 8 日开始联合发布的，但是笔者只获得了从 2006 年开始的具体样本股及权重的数据资料。

综上所述，本书财务指数基期的确定，在数据支持的基础上应尽可能地扩大研究的空间，因此我们的基期定为 2006 年，以 2006 年对应 4 个季报的财务信息为动态对比的基准，基点定为 100。

6.3　指标的预处理

指标在进行实证分析前需要对其进行预处理，主要包括指标同向化与无量纲化处理，以及对异常值的剔除等。在第 5 章我们已明确由于无量纲化处理模式不适用于数据的动态比较，因而我们采用平均法指数编制方式来予以回避，因此这里的数据预处理不再讨论指标的无量纲问题。

6.3.1　指标的同向化

指标同向化是指将所有评价指标的经济性质调整为一致，习惯上是将指标同一调整为正指标，即指标数值越大经济意义越好，在这种情况下，则我们的财务指数数值越大表明上市公司财务状况越好。因此，需要调整的指标主要是适度指标与逆指标。纵观图 3 - 11，财务指数的评价指标共计 17 个，绝大部分都是正指标，只有偿债能力类别下的指标比较特殊。

从公司财务的视角来看，偿债能力下的资产负债率、流动比率、速动比率更准确地讲是一个适度指标，而非逆指标或正指标。资产负债率是衡量企业负债水平与风险程度的重要标志，其值越低表明企业财务成本越低，风险越小，偿债能力越强，但是另一方面指标值过低则表明企业经营非常保守。同时，资产负债率又称财务杠杆系数，在生产经营状况良好的情况下，利用这个财务杠杆的正面作用就能得到更多的经营利润，因此，从债权人的角度看，资产负债率越低越好，而从股东角度看，则希望保持较高的负债水平，从经营者的角度看，则希望在降低财务风险的同时又能充分利用借入资本。而流动比率和速动比率，分别反映的是流动资产与速动资产，对流动负债的比值，通常意义上这两个指标越大则说明企业短期偿债能力越强，但是指标值过高也表示企业流动性资产占用过多，可能会降低资金的获利能力。

对于适度指标的同向化处理方法，在第 5 章我们作了详细介绍，发现需要确定一个最优适度值。但是，有关这三个指标的最优适度值，理论界并没有公认的标准，并且不同行业的企业这一标准又各不相同。目前学术界的这类研究中，较为通行的做法是取样本平均数或中位数作为最优值，但是这一处理方式却不能应用于财务指数的研究，因为我们并不是作截面的横向比较，而是对每个截面信息综合后进行动态对比，一方面不同时期不同样本的均值在发生变化，另一方面这样处理后对同一截面的数据进行汇总也毫无意义。

因此，本书在这里将资产负债率视为逆指标，流动比率和速动比率均视为正指标。这样的处理思路是基于如下的认识：在单纯考察企业的偿债能力时，资产负债率指标值越低说明偿债能力越高，同样的道理，流动比率和速动比率也是指标值越高说明偿债能力越高，而有关资产的获利水平与利用效率则会由盈利能力与营运能力类别下的指标来予以综合反映。因而，这里只需将资产负债率正向化，我们采用倒数法。下文 6.3 节的权重确定，并不需要对资产负债率作正向化处理，但 6.4 节中涉及资产负债率的使用时，均是该指标原始值的倒数，不再另外说明。

6.3.2 数据的稳定性

统计学提供了丰富的分析数据的方法，这些方法在数据满足一定的基本假定条件时才具有优良的性质。大量的实践证明，一旦数据中有异常值出现，一些统计分析方法就会非常不稳定

（robustness，有时又翻译作稳健性），或者说不具有代表性。一般说来，稳定性是人们在构造统计方法时所努力追求的一种特性。例如，样本的均值并不稳定，容易受到极端值的影响，而样本中位数对数据的变化不大敏感，比样本均值要稳定得多。

有许多稳定的统计指标，在数据出现异常情况时，仍然具有代表性，例如常见的切尾均值，规定一个删去的比率 a，则切尾的样本均值为：

$$\bar{y}_{tk} = \frac{1}{n-2k} \sum_{i=k+1}^{n-k} y_i$$

上式的含义是：将样本切取上下端各 $100a\%$，共 k 个数目的极端数据，将余下的取平均数。

剔除异常值是解决数据稳定性的最简便的方法，其具体做法是：先给出一个小的比率 a，一般 a 取 0.05 或 0.01，对第 i 个指标的样本观测值 x_{ki}（$k=1, 2, \cdots, n$），剔除最大的 $\frac{an}{2}$ 个和最小的 $\frac{an}{2}$ 个，这样全部观测值被剔除的个数不超过 an，余下的不少于 $(1-a)n$ 个观测值。

异常值的剔除，关键在于如何确定这个 a。一方面我们希望"异常点"越少越好，这样可以尽量保持数据的原貌；同时又希望挑选出较多的"异常点"，使得处理后的结果尽量远离"偏离了的研究结果"。由于社会经济现象一般都近似服从正态分布，或者由中心极限定理可得，在大样本情况下，数据会近似服从正态分布，因此我们可以假定所研究的指标服从正态分布，即 $X \sim N(\mu, \sigma^2)$。根据 3σ 原则，即可以认为 X 的值几乎一定会落在 $(\mu-3\sigma, \mu+3\sigma)$ 内，因为落入这一区间的概率达 99.73%，因此数据的上限可以定为 $\mu+3\sigma$，下限定为 $\mu-3\sigma$。

为了保证各期样本数据的稳定性，剔除掉异常值的影响，本书也对各类别下的样本数据采取该处理方式，剔除掉指标值

在正常范围之外的样本数据。这里本书选择的正常范围界限扩
大到 $(\mu-4\sigma, \mu+4\sigma)$，这样处理的思路是在剔除掉极端的异
常值影响下，更大程度地保证样本数据的原貌。

6.4　财务指标权重的确定

第 4 章我们已明确财务指数系统的指标赋权采用组合赋权
方式，并且我们已通过问卷调查结果分析得到了主观权重，结
果详见 4.3.4 节，而客观权重的确定我们采用因子分析赋权法，
具体赋权的思想与过程详见 4.4 节。当我们确定了实际研究样
本及样本时间，通过经验数据的收集，客观权重的计算即可以
实现了。

6.4.1　客观权重的计算过程

依据 4.4.2 节客观权重的具体计算过程，我们对样本公司
在 2006—2009 年第三季度间[①]共计 15 个样本点的数据做如上处
理，得到各时期各指标的客观权重。由于篇幅限制，仅以 2006
年第 1 季度为例，其余时期的计算过程见附录 2。所有计算均由
SPSS 软件实现。

（1）偿债能力评价指标的客观权重

偿债能力下的样本数据，除去金融类公司及缺失数据公司
外，共计 280 个样本公司。具体分析结果如表 6-2、表 6-3
所示。

---

① 截至本文初稿写作，2009 年年报数据还未公布完整。

表 6 - 2　　　　　　　偿债能力下评价指标的相关系数

		流动比率	速动比率	现金比率	资产负债率
Correlation	流动比率	1.000	0.972	0.894	-0.545
	速动比率	0.972	1.000	0.932	-0.510
	现金比率	0.894	0.932	1.000	-0.444
	资产负债率	-0.545	-0.510	-0.444	1.000

表 6 - 3　　　　　　　KMO and Bartlett's 检验

Kaiser-Meyer-Olkin Measure of Sampling Adequacy.		0.748
Bartlett's Test of Sphericity	Approx. Chi-Square	1 472.836
	df	6
	Sig.	0.000

　　相关系数矩阵表明四个指标之间存在较大的相关性，存在较大程度的信息重叠，Kaiser - Meyer - Olkin Measure of Sampling Adequacy 是用于比较观测相关系数值与偏相关系数值的一个指标，其值越逼近 1，表明对这些变量进行因子分析的效果愈好。KMO 值 = 0.748，说明进行因子分析的结果较好。Bartlett 值 = 1 472.836，$P < 0.001$，说明相关矩阵不是一个单位矩阵，因子模型较为适合。

　　采用主成分法提取因子，结果如表 6 - 4 所示。可见，只有第一个因子特征值大于 1，但其方差贡献率已达到 80.158%，足以表达原始指标信息，予以提取。在此基础上，各指标的共同度如表 6 - 5 所示。

表 6 - 4 因子的特征值与方差贡献率

Component	Initial Eigenvalues			Extraction Sums of Squared Loadings		
	Total	% of Variance	Cumulative %	Total	% of Variance	Cumulative %
1	3.206	80.158	80.158	3.206		
2	0.667	16.665	96.823			
3	0.105	2.634	99.457			
4	0.022	0.543	100.00			

表 6 - 5 各评价指标的共同度

	Initial	Extraction
流动比率	1.000	0.945
速动比率	1.000	0.953
现金比率	1.000	0.880
资产负债率	1.000	0.429

由此，偿债能力下各评价指标的客观权重如表 6 - 6：

表 6 - 6 偿债能力评价指标客观权重

指标	流动比率	速动比率	现金比率	资产负债率
权重	0.294 7	0.297 2	0.274 4	0.133 8

（2）营运能力下的客观权重

营运能力下的样本数据，除去金融类公司及缺失数据公司外，共计 274 个样本公司。具体分析结果如表 6 - 7 所示。

表6-7 营运能力下评价指标的相关系数

		应收账款 周转率	存货 周转率	流动资产 周转率	总资产 周转率
Correlation	应收账款周转率	1.000	-0.010	0.182	0.185
	存货周转率	-0.010	1.000	0.008	-0.061
	流动资产周转率	0.182	0.008	1.000	0.675
	总资产周转率	0.185	-0.061	0.675	1.000

尽管相关系数矩阵表明三个指标之间的相关性并不明显，但 KMO = 0.529，Bartlett 值 = 178.219，P < 0.001，说明采用因子模型也较为适合。见表6-8。

表6-8 KMO and Bartlett's 检验

Kaiser-Meyer-Olkin Measure of Sampling Adequacy.		0.529
Bartlett's Test of Sphericity	Approx. Chi-Square	178.219
	df	6
	Sig.	0.000

采用主成分法提取因子，结果如表6-9所示。前两个因子特征值大于1，其方差累计贡献率已将近70%，予以提取。在此基础上，各指标的共同度如表6-10所示。

表6-9 因子的特征值与方差贡献率

Component	Initial Eigenvalues			Extraction Sums of Squared Loadings		
	Total	% of Variance	Cumulative %	Total	% of Variance	Cumulative %
1	1.765	44.132	44.132	1.765	44.132	44.132
2	1.002	25.040	69.172	1.002	25.040	69.172

表6-9(续)

Component	Initial Eigenvalues			Extraction Sums of Squared Loadings		
	Total	% of Variance	Cumulative %	Total	% of Variance	Cumulative %
3	0.912	22.799	91.971			
4	0.321	8.029	100.000			

表6-10　　　　　　各评价指标的共同度

	Initial	Extraction
应收账款周转率	1.000	0.183
存货周转率	1.000	0.998
流动资产周转率	1.000	0.792
总资产周转率	1.000	0.794

由此，偿债能力下各评价指标的客观权重如下：

表6-11　　　　　营运能力评价指标客观权重

指标	应收账款周转率	存货周转率	流动资产周转率	总资产周转率
权重	0.066 1	0.360 7	0.286 2	0.287 0

（3）盈利能力下的客观权重

盈利能力下的样本数据，除去金融类公司及缺失数据公司外，共计278个样本公司。具体分析结果如表6-12所示。

表 6 - 12　　　　　　　盈利能力下评价指标的相关系数

		营业利润率	资产报酬率	总资产净利润率	净资产收益率
Correlation	营业利润率	1.000	0.567	0.614	0.459
	资产报酬率	0.567	1.000	0.975	0.810
	总资产净利润率	0.614	0.975	1.000	0.840
	净资产收益率	0.459	0.810	0.840	1.000

相关系数矩阵表明四个指标之间存有一定的相关性，KMO = 0.728 接近 1，说明进行因子分析的结果较好。Bartlett 值 = 1 300.148，P < 0.001，因子模型较为适合。

表 6 - 13　　　　　　　KMO and Bartlett's 检验

Kaiser-Meyer-Olkin Measure of Sampling Adequacy.		0.728
Bartlett's Test of Sphericity	Approx. Chi-Square	1 300.148
	df	6
	Sig.	0.000

采用主成分法提取因子，结果如上表 6 - 13，只有第一个因子特征值大于 1，其方差贡献率已达 79.199%，予以提取。在此基础上，各指标的共同度如表 6 - 15 所示。

表 6 - 14　　　　　　　因子的特征值与方差贡献率

Component	Initial Eigenvalues			Extraction Sums of Squared Loadings		
	Total	% of Variance	Cumulative %	Total	% of Variance	Cumulative %
1	3.168	79.199	79.199	3.168	79.199	79.199

表6-14(续)

Component	Initial Eigenvalues			Extraction Sums of Squared Loadings		
	Total	% of Variance	Cumulative %	Total	% of Variance	Cumulative %
2	0.600	14.989	94.188			
3	0.211	5.271	99.459			
4	0.022	0.541	100.000			

表6-15　　　　各评价指标的共同度

	Initial	Extraction
营业利润率	1.000	0.522
资产报酬率	1.000	0.916
总资产净利润率	1.000	0.954
净资产收益率	1.000	0.787

由此，盈利能力下各评价指标的客观权重如表6-16所示：

表6-16　　　　盈利能力评价指标客观权重

指标	营业利润率	资产报酬率	总资产净利润率	净资产收益率
权重	0.1613	0.2891	0.3011	0.2484

（4）现金流量能力下的客观权重

现金流量能力下的样本数据，除去金融类公司及缺失数据公司外，共计258个样本公司。具体分析结果如表6-17所示。

表 6 - 17   现金流量能力下评价指标的相关系数

		营业收入 现金比率	盈余现金 保障倍数
Correlation	营业收入现金比率	1.000	0.307
	盈余现金保障倍数	0.307	1.000

相关系数矩阵表明两个指标存有一定相关性，KMO = 0.500，Bartlett 值 = 25.256，P < 0.001，可以进行因子分析。见表 6 - 18。

表 6 - 18   KMO and Bartlett's 检验

Kaiser-Meyer-Olkin Measure of Sampling Adequacy.		0.500
Bartlett's Test of Sphericity	Approx. Chi-Square	25.256
	df	1
	Sig.	0.000

采用主成分法提取因子，结果如表 6 - 19，只有第一个因子特征值大于1，其方差贡献率已达 65.340%，予以提取。在此基础上，各指标的共同度如表 6 - 20 所示。

表 6 - 19   因子的特征值与方差贡献率

Component	Initial Eigenvalues			Extraction Sums of Squared Loadings		
	Total	% of Variance	Cumulative %	Total	% of Variance	Cumulative %
1	1.307	65.340	65.340	1.307	65.340	65.340
2	0.693	34.660	100.000			

表6-20　　　　　　各评价指标的共同度

	Initial	Extraction
营业收入现金比率	1.000	0.653
盈余现金保障倍数	1.000	0.653

由此，现金流量能力下各评价指标的客观权重如表6-21：

表6-21　　　　现金流量能力评价指标客观权重

指标	营业收入现金保障倍数率	盈余现金保障倍数率
权重	0.5000	0.5000

由于现金流量能力下只有两个评价指标，因此，不论因子的方差贡献率为多少，两者的共同度都会相等，从而各自的客观权重也是均等的。

（5）成长能力评价指标的客观权重

成长能力下的样本数据，除去金融类公司及缺失数据公司外，共计264个样本公司。具体分析结果如表6-22所示。

表6-22　　　　成长能力下评价指标的相关系数

		资本保值增值率	净利润增长率	营业收入增长率
Correlation	资本保值增值率	1.000	0.122	0.264
	净利润增长率	0.122	1.000	0.134
	营业收入增长率	0.264	0.134	1.000

尽管相关系数矩阵表明三个指标之间的相关性并不明显，但 KMO = 0.553，Bartlett 值 = 25.7266，P < 0.001，说明采用因子模型也较为适合。

表 6 – 23　　　　　　　　KMO and Bartlett's 检验

Kaiser-Meyer-Olkin Measure of Sampling Adequacy.		0. 553
Bartlett's Test of Sphericity	Approx. Chi-Square	25. 726 6
	df	3
	Sig.	0. 000

采用主成分法提取因子，结果见表 6 – 24，可见，当取前两个因子时，其累计方差贡献率达到 75.466%，已能表达原始指标信息。在此基础上，各指标的共同度如表 6 – 25 所示。

表 6 – 24　　　　　　因子的特征值与方差贡献率

Component	Initial Eigenvalues			Extraction Sums of Squared Loadings		
	Total	% of Variance	Cumulative %	Total	% of Variance	Cumulative %
1	1. 356	45. 201	45. 201	1. 356	45. 201	45. 201
2	0. 908	30. 265	75. 466	0. 908	30. 265	75. 466
3	0. 736	24. 534	100. 000			

表 6 – 25　　　　　　　　各评价指标的共同度

	Initial	Extraction
资本保值增值率	1. 000	0. 643
净利润增长率	1. 000	0. 999
营业收入增长率	1. 000	0. 622

由此，成长能力下各评价指标的客观权重如表 6 – 26：

表 6 - 26 　　　　　成长能力评价指标客观权重

指标	资本保值增值率	净利润增长率	营业收入增长率
权重	0.284 0	0.441 3	0.274 7

6.4.2　财务指标权重的最终确定

在 4.2.2 节我们已明确，财务指数系统的指标权重采用组合赋权的形式得到，将由问卷调查得到的专家权重与客观权重以线性加权的形式组合到一起形成最终的指标权重。

线性加权的合成公式为：$\varpi_j = \lambda p_j + (1 - \lambda) q_j$，$\lambda$ 为待定常数，且 $0 \leqslant \lambda \leqslant 1$。当决策者对不同赋权方法存在偏好时，$\lambda$ 可根据决策者的偏好信息来确定。这里，我们认为专家权重与客观权重同等重要，因此，$\lambda = 0.5$。由此得到 2006 年第一季度各评价指标的最终权重。如表 6 - 27 所示。

表 6 - 27 　　　　2006 年一季度财务指标的最终权重

类别		指标构成				
内容	权重	评价指标	专家权重	客观权重	组合权重	最终权重
偿债能力	0.194 5	流动比率 速动比率 现金比率 资产负债率	0.149 7 0.182 9 0.317 0 0.350 3	0.294 7 0.297 2 0.274 4 0.133 8	0.222 2 0.240 1 0.295 7 0.242 1	0.043 2 0.046 7 0.057 5 0.047 1
营运能力	0.157 7	应收账款周转率 存货周转率 流动资产周转率 总资产周转率	0.385 1 0.285 3 0.173 0 0.156 6	0.066 1 0.360 7 0.286 2 0.287 0	0.225 6 0.323 0 0.229 6 0.221 8	0.035 6 0.050 9 0.036 2 0.035 0
盈利能力	0.253 6	净资产收益率 总资产净利润率 资产报酬率 营业利润率	0.385 3 0.164 7 0.164 7 0.285 4	0.248 4 0.301 1 0.289 1 0.161 3	0.316 9 0.232 9 0.226 9 0.223 4	0.080 4 0.059 1 0.057 5 0.056 6
现金流量能力	0.204 6	盈余现金保障倍数 营业收入现金比率	0.598 7 0.401 3	0.500 0 0.500 0	0.549 4 0.450 7	0.112 4 0.092 2

表6－27(续)

类别		指标构成				
成长能力	0.189 6	资本保值增值率	0.310 4	0.284 0	0.297 2	0.056 3
		净利润增长率	0.310 4	0.441 3	0.375 9	0.071 3
		营业收入增长率	0.379 2	0.274 7	0.327 0	0.062 0

按照上述的思路,我们依次得到了各个样本期间的各财务指标的客观权重,以此得到了最终权重,具体结果见附录2。

样本各期财务指标最终权重的计算结果显示,客观权重在各期的数据之间差异变化并不明显,这说明各财务指标间的数据特征较为稳定,在增加了专家权重信息后得到的最终权重,其差异大小更为细微。最终权重这样的数据特征,一定程度上保证了财务指数构造结构上的稳定性,从而使得财务指数的动态对比信息不仅兼顾了良好的数学特性,结构的稳定也使得信息更为有效。

6.5　财务指数的生成

在第5.6.3节我们已给出了财务指数的编制模型,我们以指数基期为100,具体公式如下所示:

$$K_{t/(t-1)} = 100 \times \sum_{j=1}^{m} I_{jt/(t-1)} \theta_{jt},$$

$$\text{其中 } I_{jt/(t-1)} = \frac{\overline{X_{jt}}}{X_{j(t-1)}}, \overline{X_{jt}} = \sum_{i=1}^{n} X_{ijt} \varphi_{it} \tag{1}$$

$$K_{t/0} = K_{t/(t-1)} \times K_{(t-1)/0} \tag{2}$$

X_{ijt} 表示 i 公司第 j 个指标 t 期数值, ϕ_{it} 表示 i 公司 t 时期的权重, n 为样本公司数,则 $\overline{X_{jt}}$ 即是样本公司 j 指标 t 期的加权平

均数，$I_{jt/(t-1)}$ 是 j 指标 t 期的环比个体指数；θ_{jt} 表示第 j 个指标 t 期的权重，m 是财务指标个数。（1）式 $K_{t/(t-1)}$ 是同期环比财务指数，表示 t 期对 $t-1$ 期，则（2）式为定基财务指数，也即 t 期对 2006 年同期，定基财务指数可由环比财务指数相乘获得。

根据财务指数的编制模型，本书完成了具体的财务指数的生成。这里，仅以 2007 年第一季度数据为例，说明财务指数的具体计算过程，对比的数据为上年同期，也即这里计算的是环比财务指数。由于目前 2009 年年报的数据还未获取完整，因此共编制 2007—2009 年第三季度共计 11 个财务指数。

另外需要特别说明的是，为了避免"净利润增长率"和"营业收入增长率"这两个指标可能出现负值情况，在实际编制中对这两个指标调整为对应的发展速度，也即在原有数据基础上加上基数 1，但其指标性质与经济意义并不发生变化。

表 6 - 28　　　　2007 年一季度综合财务指数的计算

指标	2007 年 1 季度均值 (1)	2006 年 1 季度均值 (2)	指标个体 指数 (3) = (1) ÷ (2)	指标权重 (4)	财务指数 生成 (5) = 100 × (3) × (4)
流动比率	1.360 8	1.370 4	0.993 0	0.041 6	4.130 9
速动比率	0.952 3	0.952 2	1.000 1	0.045 9	4.590 7
现金比率	0.465 5	0.421 3	1.105 1	0.056 1	6.199 6
资产负债率①	0.490 0	0.463 2	0.945 3	0.050 8	5.373 9
小计				0.194 4	19.723 3
应收账款周转率	12.107 4	5.837 0	2.074 3	0.038 7	8.027 4
存货周转率	2.865 2	3.279 2	0.873 7	0.044 9	3.923 1
流动资产周转率	0.529 6	0.536 8	0.986 5	0.038 0	3.748 8
总资产周转率	0.207 6	0.191 1	1.086 3	0.036 1	3.921 7
小计				0.157 7	19.620 9

① 在财务指数计算中，资产负债率是通过取倒数来同向化，因此这里资产负债率的个体指数是（2）／（1）。

表 6‑28（续）

指标	2007 年 1 季度均值 (1)	2006 年 1 季度均值 (2)	指标个体指数 (3) = (1) ÷ (2)	指标权重 (4)	财务指数生成 (5) = 100 × (3) × (4)
营业利润率	0.198 7	0.163 3	1.216 6	0.056 2	6.837 2
资产报酬率	0.030 3	0.021 9	1.381 6	0.057 3	7.916 6
总资产净利润率	0.021 4	0.014 9	1.432 7	0.058 3	8.352 4
净资产收益率	0.045 1	0.029 7	1.520 9	0.081 8	12.440 8
小计				0.253 6	35.547 1
营业收入现金比率	0.052 9	0.081 7	0.647 1	0.092 2	5.966 5
盈余现金保障倍数	0.316 7	0.442 9	0.715 1	0.112 4	8.038 0
小计				0.204 6	14.004 6
资本保值增值率	1.284 8	1.151 4	1.115 9	0.029 5	3.291 9
净利润增长率①	1.929 0	1.152 3	6.099 7	0.076 8	12.856 6
营业收入增长率②	1.362 6	1.130 5	2.777 4	0.083 3	10.039 6
小计				0.189 6	26.188 1
合计				1.000 0	115.084 0

　　将各类别下的"财务指数生成"的小计项数据对比相应的类别权重，也即上表的 $\dfrac{\sum (5)}{\sum (4)}$，即可得到五个方面的"类别财务指数"。

表 6‑29　　　　2007 年一季度类别财务指数

类别	偿债指数	营运指数	盈利指数	现金指数	成长指数	合计
财务指数	101.457 4	124.419 3	140.169 9	68.448 6	138.123 1	115.655 9

　　同理，其余各季度的财务指数计算过程如上，具体计算过程详见附录 3。表 6‑30 是截至目前各期的环比财务指数，表

① 在财务指数的计算中，均将该指标调整为净利润发展速度，下同。
② 在财务指数的计算中，均将该指标调整为营业收入发展速度，下同。

6－31 是根据环比财务指数换算出来的各期相对 2006 年固定基期的定基环比财务指数。

表6－30　　　　　　环比财务指数结果

时间	类别财务指数					综合财务指数
	偿债指数	营运指数	盈利指数	现金指数	成长指数	
2007.1	101.46	124.42	140.17	68.45	138.12	115.08
2007.2	95.49	143.14	136.47	45.50	130.91	109.90
2007.3	97.30	122.12	132.29	51.87	137.22	108.36
2007.4	98.19	134.53	123.60	60.43	118.69	106.53
2008.1	103.75	107.35	100.02	63.82	94.04	93.36
2008.2	114.82	96.20	98.01	111.42	92.90	102.77
2008.3	109.64	94.18	86.72	181.30	85.80	111.53
2008.4	102.66	97.92	77.82	204.52	76.13	111.42
2009.1	105.25	89.06	65.54	1 309.17	75.00	333.21
2009.2	94.04	89.94	63.97	314.22	75.01	127.21
2009.3	101.87	88.62	85.00	176.72	83.05	107.25

表6－31　　　　　　定基财务指数结果

时间	类别财务指数					综合财务指数
	偿债指数	营运指数	盈利指数	现金指数	成长指数	
2007.1	101.46	124.42	140.17	68.45	138.12	115.08
2007.2	95.49	143.14	136.47	45.50	130.91	109.90
2007.3	97.30	122.12	132.29	51.87	137.22	108.36
2007.4	98.19	134.53	123.60	60.43	118.69	106.53
2008.1	105.26	133.57	140.19	43.68	129.89	107.44
2008.2	109.64	137.70	133.76	50.70	121.61	112.94

表6-31(续)

时间	类别财务指数					综合财务指数
	偿债指数	营运指数	盈利指数	现金指数	成长指数	
2008.3	106.68	115.02	114.73	94.04	117.73	120.86
2008.4	100.80	131.73	96.18	123.60	90.36	118.70
2009.1	110.78	118.95	91.88	571.90	97.42	358.02
2009.2	103.11	123.85	85.57	159.30	91.22	143.67
2009.3	108.67	101.94	97.52	166.18	97.78	129.62

6.6　本章小结

　　本章在前文的理论与方法分析基础上，最终生成了上市公司财务指数。

　　首先，本章明确了财务指数的编制样本——沪深300指数的样本公司（剔除掉金融类上市公司）。之所以选择该样本，是基于沪深300指数是沪深交易所联合发布的第一只跨市场指数，且具有良好的市场代表性，并且是国内第一只股指期货的指数。因此，以沪深300指数的样本为财务指数的编制样本，其财务信息特征会具有良好的市场全面性、代表性、关注度以及可行性。

　　本书的研究数据来源于国泰安上市公司数据库CSMAR系统，并根据数据的可获得性，本书财务指数以2006年的4个季报的财务信息为动态对比的基期，编制从2007—2009年第三季度之间共计11个样本点的季度财务指数，基点定为100。

就财务指标的预处理问题，本书采用倒数法将资产负债率调整为正指标，其余指标均是正指标性质。其次，为了保证各期样本数据的稳定性，本书将指标值在 $(\mu-4\sigma,\ \mu+4\sigma)$ 之外的样本数据予以剔除，这样处理的思路是在剔除掉极端的异常值影响下，更大程度地保证样本数据的原貌。

由样本数据，文章对各类别下的财务指标，以因子分析赋权法得到了客观权重，再和第 4 章得到的专家权重进行线性加权平均，得到了各评价指标的最终权重。最终权重的结果显示，各样本期间的评价指标权重结构较为稳定，从而使得财务指数不仅兼顾了良好的数学特性，结构的稳定性也使得动态对比信息更为有效。

最后，根据第 5 章得到的财务指数编制模型，具体生成了综合财务指数和分类财务指数。

上市公司财务指数
的特征分析与应用

通过前文理论与方法的铺垫，在第 6 章我们最终生成了自 2006 年到 2009 年三季度的各期环比与定基财务指数，在本章我们将对这些数据的特征表现进行深入分析，挖掘我国上市公司财务运行轨迹与波动规律；本章还将探讨上市公司财务指数与股票市场相关变量的联系，从而分析与验证财务指数的信息含量。

7.1　财务指数的走势特征

7.1.1　财务指标数据的波动情况

纵观 6.5 节的财务指数的计算数据，可以看到各财务指标的数据分布各不相同，从而影响到各类别财务指数的变化，最终形成了综合财务指数的走势特征。因此，首先我们需要分析各财务指标的数据波动规律。见表 7 - 1。

表 7 - 1　　　　各财务指标样本数据的分布特征

指标	最大值	最小值	均值	标准差	标准差系数	极差系数
流动比率	1.528 0	1.282 7	1.383 3	0.061 9	0.044 8	0.177 3
速动比率	1.062 3	0.856 1	0.949 3	0.051 7	0.054 4	0.217 2
现金比率	0.579 0	0.421 3	0.501 2	0.048 7	0.097 3	0.314 7
资产负债率	0.522 7	0.463 2	0.497 9	0.016 6	0.033 3	0.119 7
应收账款周转率	62.950 1	5.837 0	29.593 8	16.461 4	0.556 2	1.929 9
存货周转率	15.456 7	2.840 6	7.656 0	3.987 8	0.520 9	1.647 9
流动资产周转率	2.593 1	0.401 1	1.264 6	0.666 3	0.526 9	1.733 3
总资产周转率	0.912 1	0.152 8	0.478 9	0.237 7	0.496 4	1.585 5
营业利润率	0.233 3	0.156 1	0.185 4	0.022 9	0.123 5	0.416 2

表7-1(续)

指标	最大值	最小值	均值	标准差	标准差系数	极差系数
资产报酬率	0.134 2	0.019 1	0.066 9	0.033 9	0.506 1	1.720 1
总资产净利润率	0.096 5	0.013 2	0.048 2	0.024 6	0.510 3	1.726 3
净资产收益率	0.214 8	0.026 3	0.105 0	0.054 3	0.517 5	1.795 6
营业收入现金比率	0.243 4	0.052 9	0.135 8	0.053 6	0.394 5	1.403 0
盈余现金保障倍数	3.129 2	0.086 1	1.331 5	0.865 5	0.650 0	2.285 5
资本保值增值率	1.436 0	0.961 8	1.264 1	0.125 9	0.099 6	0.375 1
净利润增长率	1.929 0	0.934 5	1.379 6	0.332 9	0.241 3	0.720 9
营业收入增长率	1.503 2	1.038 8	1.276 9	0.146 6	0.114 8	0.363 7

由于各财务指标量纲不同，只能通过离散系数来比较各数据之间的波动性大小。显然，现金流量下的"盈余现金保障倍数"这一指标波动幅度最大，在剔除掉异常值和缺损值后，15个时间点的盈余现金保障倍数的样本均值最低为0.086 1，最高达到3.129 2，标准差系数是0.65，极差系数为2.29，是财务指标体系中波动幅度最大的指标。然后，考察盈余现金保障倍数这一指标的原始样本数据，发现指标的波动并没有体现出一种明显的季节周期性，并且即使在同一季度，样本公司之间这一指标数据差异情况也相当显著（限于篇幅，具体数据不再引述）。盈余现金保障倍数的异常波动，或许也正是上市公司盈余管理行为的一种结果反映。

另一方面，从表7-1的对比中也可以看到，除去个别指标外，同一类别下的指标波动也呈现出了较为一致的表现。无论是标准差系数还是极差系数，资产负债率是波动最小的指标，并且从总体上来说，偿债能力下的四个指标的波动性都明显小于其他类别的财务指标。成长能力类别下的指标，波动性紧随其后。而除去盈余现金保障倍数这一指标，营运能力下的应收账款周转率、流动资产周转率和存货周转率波动性都较大。总之，财务指标的数据波动特征最终都会在财务指数予以体现。

7.1.2 类别财务指数的走势分析

财务指标的波动最终会影响到各类别财务指数的表现，图7-1即各类别的定基财务指数的走势图。为体现上市公司在整个样本期间的趋势特征，以下我们都只对各类财务指数的定基指数进行分析，下文不再另外说明。

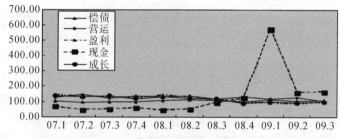

图7-1　类别财务指数走势图（1）

由图7-1所示，大部分的财务指数是在90~150之间波动，只有现金指数波动异常。单就现金指数的具体走势来看，该类别指数在2008年二季度以前，指数值主要在40~70这一区间内波动，而同时期除偿债指数在100附近小幅波动，其余的三个类别指数值均在120以上。而2008年三季度时，其余类别指数均出现了不同幅度的下降，现金指数却在此时开始走高，特别是2009年一季度该指数值一跃为571.9，对应的环比指数更高达1 309.2，随后指数又下降至160左右。笔者仔细核实了该类别下数据的生成过程，无论从数据搜集、指标预处理及具体计算等均无异常，产生这一数值结果确是源于评价指标原始数据本身。结合7.1.2节的分析，可以得知这一情况源于"盈余现金保障倍数"这一指标的波动特征，这一指标更易受到公司盈余管理行为的影响。基于此，笔者认为现金流量的指标数据的可比性值得商榷，建议只做部分参考。

在去掉现金流量能力指数后，我们再来看其他类别的财务指数的走势。见图7-2。

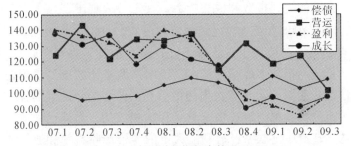

图7-2　类别财务指数走势图（2）

在整个样本区间，各类别指数的波动区间各有差异，其中，偿债指数相对来说波动区间最小，走势较为平稳。在2007年的后三个季度，上市公司的偿债能力都较2006年水平略低，但从2008年起该指数开始小幅上涨，特别是即使在2008年的金融危机后，偿债指数也并没有表现出明显的下跌趋势，指标值与前期水平基本持平。通过偿债指数的走势特征分析，或者可以得到这样的结论：当宏观经济态势较好时，上市公司倾向于提高负债水平以利用财务杠杆，而在外部宏观经济出现低迷态势，上市公司趋于提高偿债能力，或者说在市场风险巨大时，上市公司更趋于保守的财务管理。

营运指数的走势也表现出了一定的独特性，总体说来，该类别指数在整个样本期间呈现出一种波动中下降的走势。通过图7-2与原始数据的仔细分析，可以看到营运指数的波动有明显的季节周期，具体表现就是每年的第三季度均是该指数的谷底，但是到了第四季度该指数又迅速恢复，可能是由于在四季度上市公司一般都会加大应收账款的回收力度，同时第四季度又会对销售收入进行最后的冲刺。剔除掉季节波动后，营运指数呈现小幅的下降趋势，在全面爆发金融危机后的 2008 年三季度，该指数下探到低位 115.02，而后又大致恢复到前期的低位水平。

余下的盈利指数和成长指数，其走势表现出了显著的相似性，两者 2008 年三季度之前主要是在 120～140 区间内浮动，在 2008 年三季度后均出现大幅下跌，指数值均下降至 100 以下，尤其是盈利指数下降幅度最大，说明这两类指数更易受到宏观经济变化的影响，具有较强的敏感性。两者走势的趋同性，表明上市公司盈利与成长情况总是相辅相成的，另外也和评价指标的构造有一定联系，盈利能力下的净资产收益率和成长能力下的净利润增长率，这两个评价指标必然具有很强的关联性，从而使得两个指数呈现一致的步调。

综上所述，类别财务指数的走势呈现如下一些特征：

（1）当宏观经济态势较好时，上市公司倾向于提高负债水平以利用财务杠杆作用，而在外部宏观经济出现低迷态势，上市公司趋于提高偿债能力，或者说在市场风险巨大时，上市公司更趋于保守的财务管理策略。但总体说来，偿债指数的走势是类别指数中最平稳的。

（2）营运指数的走势呈现出一种周期特征，三季度普遍为该指数的低谷期，但是四季度又快速反弹，这一周期表现可能源于上市公司在年末都会加大应收账款的回收，或加大对存货的促销力度等。

（3）盈利指数和成长指数的波动表现出了一致的步调，并且两者都对宏观经济背景具有较强的敏感性，更易受到宏观经济变化的影响。

（4）现金指数存在异常波动，并且无明显的波动规律，究其原因，主要源于盈余现金保障倍数这一指标在不同公司间与不同时点间都表现出了高度离散的分布，因此其可比性有待商榷。就修正的财务指数的走势特征，其与宏观经济背景存在一定的趋同性，并且也还存在一定的周期性，也即是普遍四季度财务指数值都是全年的低点，而在一、二季度指数则出现明显上涨情况。

7.1.3 综合财务指数的走势分析

在前面我们已分析了，现金指数存在异常波动，因此影响到了综合财务指数的稳定性，其有效性从而受到影响。而现金指数的波动主要是由于盈余现金保障倍数这一指标的异常波动引起的，因此，这里我们分别列示出综合财务指数，以及剔除掉盈余现金保障倍数指标信息后的综合财务指数，本书将剔除后的指数称作"修正的综合财务指数"，下同。

由图 7-3 可以看到，综合财务指数与修正的综合财务指数走势基本一致，只是在 2009 年的一季度综合财务指数出现了巨幅的波动，而这一波动正是源于盈余现金保障倍数这一财务指标数值的剧烈变化，因此我们更有必要对修正的综合财务指数进行分析。

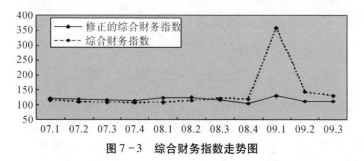

图 7-3　综合财务指数走势图

图 7-4 我们将修正的综合财务指数波动区间进行了放大，样本期间指数的走势特征有了更清晰地展示。就整个样本区间

指数的走势来看，与宏观经济背景还是存在一定的联系，表现为 2008 年三季度金融危机全面爆发后，修正的综合财务指数值出现明显下降，特别是在 2008 年四季度降到最低点，但是随后又有了强劲的反弹。此外，从直观图中，发现修正的综合财务指数还存在一定的周期性，也即是普遍四季度综合财务指数值都是全年的低点，而在一、二季度指数则出现明显上涨情况。修正的综合财务指数的走势特征，与证券市场的关系又如何，能对证券市场有何启示作用，这即是我们下文研究的内容。

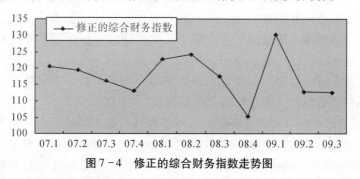

图 7 - 4　修正的综合财务指数走势图

7.2　各财务指数间的相关性分析

综合财务指数的走势特征是由五个类别指数的波动所共同决定的，各财务类别的权重大小正体现了这种联系的疏密度。但是，这些权重并不能给出这种内在联系的直观刻画，而另一方面，我们也需要进一步分析类别间的财务指数关系表现。

7.2.1　相关分析方法

统计方法中，定量描述变量间线性相关程度的一个最常用指标是相关系数，即皮尔森相关系数，又称简单相关系数或积差相关系数，计算公式如下：

$$R_p = \frac{S_{xy}}{S_x S_y} = \frac{\sum (x - \bar{x})(y - \bar{y})/n}{\sqrt{\sum (x - \bar{x})/n} \sqrt{\sum (y - \bar{y})/n}}$$

显然，S_{xy}是变量 x、y 的样本协方差，S_x、S_y 分布是变量 x、y 的样本标准差。这一指标虽然最基础，但是却有一定的适用条件：①适用于变量间的线性相关，对更复杂的曲线相关并不能测定；②样本中不能存在极端值，因为极端值对积差的影响很大，会引起一定的偏误，因此必要时应将极值剔除或加以变换；③要求相应的变量呈双正态分布。以上三条要求，前两者要求最为严格，第三条相对比较宽松。由于数据的有限性，目前我们仅编制了 11 个样本点的财务指数，如此小样本并不能保证正态分布的要求，并且也不能完全确定财务指数间存在的是线性相关，因此有必要采用其他的一些相关性测度指标来充分说明这一问题。

斯皮尔曼（Spearman）相关系数又称秩相关系数，顺序相关系数，是利用两变量的秩次大小作线性相关分析，而对原始变量的分布不作要求，属于非参数统计方法。Spearman 相关系数的适用范围比较广泛，对于等级资料可以计算，对于服从 Pearson 相关系数的数据亦可计算，只是统计效能相对低一些（不容易检测出两者事实上存在的相关关系）。Spearman 相关系数的计算公式如下：

$$R_s = 1 - \frac{6 \sum d_i^2}{n^3 - n}$$

d_i 是每一对样本的等级之差。当资料的等级分级较细，并且含有等距性质时，Spearman 相关系数将非常接近 Pearson 相关系数。其实，Spearman 相关系数的计算公式可以完全套用 Pearson 相关系数计算公式，只是将公式中的 x 和 y 用相应的秩次代替即可。

Kendall tau 系数，本质上与 Spearman 相关系数一样，也是一种非参数相关统计，在统计效能上两者也大抵相似，但两者所构成的逻辑及计算的公式不同，前者主要从概率或频数角度来估算，后者是关注等级差异量的一般意义的相关系数。Kendall tau 相关系数的计算公式如下：

$$R_k = \frac{4U_y}{n(n-1)} - 1 \text{ 或 } R_k = -\frac{4V_y}{n(n-1)}$$

Kendall tau 公式，先将 n 对配对数据 (x_i, y_i) 评出相应的等级 (R_{x_i}, R_{y_i})，再分别考察 R_{x_i} 与 R_{y_i} 的一致性 (concordance)。如果两个等级由小到大排列，称为一个一致对，记作 +1，我们将 U_x 表示为 R_{x_i} 中的一致对的数目，U_y 表示为 R_{y_i} 中的一致对的数目；如果两个等级由大到小排列，称为一个非一致对，记作 -1，我们将 V_x 表示为 R_{x_i} 中的非一致对的数目，V_y 表示为 R_{y_i} 中的非一致对的数目。Spearman 相关系数与 Kendall tau 相关系数存有一个大致的联系，即 $-1 \leqslant 3r_k - 2r_s \leqslant 1$。

总之，我们将全面考察各财务指数之间的两两相关性，基于研究变量的数据特征与分布规律，他们之间的相关性以 Person 相关系数为主，以 Spearman 和 Kendall tau 相关系数为有益补充。

7.2.2 类别指数间相关性分析

本节的所有相关系数的计算与检验均借助 SPSS 分析软件实现。首先，我们分析类别财务指数间的相关联系。由于盈余现金保障倍数指标的异常波动，这里我们将现金指数剔除掉盈余现金保障倍数指标信息，形成修正的现金指数，一起分析类别间指数的相关性。见表 7 - 2。

表 7 - 2　　　　　　　类别财务指数的 Person 相关系数

类别	偿债指数	营运指数	盈利指数	现金指数	修正的现金指数	成长指数
偿债指数	1	- 0. 484	- 0. 373	0. 539	0. 654 *	- 0. 416
营运指数		1	0. 521	- 0. 387	- 0. 550	0. 369
盈利指数			1	- 0. 637 *	- 0. 826 **	0. 958 **
现金指数				1	0. 914 **	- 0. 557
修正的现金指数					1	- 0. 758 **
成长指数						1

注：* 表示相关系数在 5% 显著性水平下显著；** 表示相关系数在 1% 显著性水平下显著，下同。

　　从 Person 相关系数正负来看，偿债指数与现金指数呈现正相关，两个指数与余下的营运指数、盈利指数与成长指数均呈现负相关性。从相关性强弱来看，盈利指数与成长指数存在高度的线性正相关性，这也与我们 7. 1 节中的分析一致；修正的现金指数与偿债能力指数呈显著的正相关，而与盈利指数、成长指数分别呈高度的线性负相关，这一相关性明显高于没有修正的现金指数。并且，这三对相关关系也是通过了 5% 或 1% 的显著性检验，说明他们之间存在显著的线性相关性。而其余的相关系数值主要介于 0. 37 ~ 0. 55 之间，存有明显的相关性，但是没有通过显著性检验，因此，我们有必要进一步借助非参数统计中的 Spearman 相关系数和 Kendall tau 相关系数信息。

　　指数间的 Spearman 相关系数和 Kendall tau 相关系数除系数值大小稍有差异外，其余信息完全一致，详细数据见表 7 - 3。从相关方向来看，同样地表现为偿债指数与现金流量类指数具有正相关，而与其他指数都是负相关。指数间的相关性强弱表现也与 Person 相关系数基本一致，只是在相关性检验中，通过显著性检验的情况好于 Person 相关系数，具体表现为：盈利指数与现金流量类指数、成长指数的相关系数均通过了 1% 的显著性水平检验；而营运指数与没有修正的现金指数的 Rs 和 Rk 分别通过了 1% 和 5% 显著性水平检验，但与修正的现金指数的相关系数没有通过检验；现金流量类指数与成长指数也均通过了显著性水平检验，说明这些指数间的相关性是有效的。见表 7 - 3。

表 7 - 3　　　　　类别财务指数的非参数相关系数

类别		偿债指数	营运指数	盈利指数	现金指数	修正的现金指数	成长指数
偿债指数	Rs	1	- 0.436	- 0.291	0.445	0.764 **	- 0.391
	Rk	1	- 0.345	- 0.236	0.418	0.600 *	- 0.273
营运指数	Rs		1	0.536	- 0.736 **	- 0.536	0.336
	Rk		1	0.382	- 0.564 *	- 0.382	0.200
盈利指数	Rs			1	- 0.864 **	- 0.773 **	0.882 **
	Rk			1	- 0.745 **	- 0.564 *	0.745 **
现金指数	Rs				1	0.782 **	- 0.718 *
	Rk				1	0.600 *	- 0.491 *
修正的现金指数	Rs					1	- 0.845 **
	Rk					1	- 0.673 *
成长指数	Rs						1
	Rk						1

综上所述，类别财务指数之间各种联系可以总结为：

（1）偿债能力与现金流量能力存在正相关关系，特别是与修正的现金指数存在显著的正相关，说明当上市公司现金流量较充裕时，其偿债水平也较高。

（2）营运指数、盈利指数与成长指数之间存在正相关，特别是盈利指数与成长指数之间存在显著的高度正相关关系，说明上市公司的业绩表现与业绩成长水平的发展是一致的，当上市公司具有较高的盈利时，也会表现为呈现较快速度的增长。尽管营运指数与盈利指数、成长指数的关系没有通过显著性检验，但是他们之间也存在明确的正相关性，特别是与盈利指数，相关性较明显。

（3）不论修正的还是非修正的现金指数，均与营运指数、盈利指数、成长指数分别地存在显著的负相关关系，这一关系极具启示意义，其说明当上市公司追求净现金流的增加时，会影响到公司的盈利水平、成长速度以及营运周转状况。造成这一关系的原因，可能是较高的净现金流会影响到销售收入的总量，两者往往难以保持同步的增长，甚至出现背离；另外，一般地，企业获得快速的销售收入增长，很多时候是借助于产品赊销等促销手段，而应收账款、存货等都会占用大量的营运资金。

（4）偿债指数也与营运指数、盈利指数、成长指数分别地呈现负相关关系，尽管这一关系没有通过显著检验，但也从侧面印证了财务杠杆的理论。

7.2.3　综合财务指数的相关性分析

构成综合财务指数的五个类别的权重，体现了各类别指数与综合财务指数的联系紧密度，可以理解为在控制其他因素后，各类别指数与综合财务指数的偏相关系数。在此，我们再从相关系数的角度，分析在共同影响作用下他们之间的最终关系表现。见表 7 - 4。

表 7 - 4　　　　类别与综合财务指数间的相关系数

类别		偿债指数	营运指数	盈利指数	现金指数	修正的现金指数	成长指数
综合财务指数	Rp	0.514	- 0.281	- 0.515	0.985 **	0.854 **	- 0.433
	Rs	0.591	- 0.655 *	- 0.745 **	0.864 **	0.836 **	- 0.645 *
	Rk	0.418	- 0.491 *	- 0.527 *	0.709 **	0.745 **	- 0.418

表7-4(续)

类别		偿债指数	营运指数	盈利指数	现金指数	修正的现金指数	成长指数
修正的综合财务指数	Rp	0.456	0.104	0.328	0.427	0.239	0.363
	Rs	0.409	0.236	0.464	-0.336	-0.073	0.445
	Rk	0.273	0.164	0.418	-0.309	0.018	0.309

由表7-4可以看到,似乎综合财务指数与各类别间的相关性较修正的综合财务指数更强,且部分通过了显著性检验,其实这更多是由于现金指数出现了极端值情况而引起的表现。

对我们更具参考意义的是修正的综合财务指数与各类别财务指数间的关系。从各相关系数的结果来看,修正的现金指数、营运指数与修正的综合财务指数之间相关性最弱;可以说,修正的现金指数与修正的综合财务指数之间并不存在非参数的相关性,而只存在较弱的线性正相关;而营运指数与修正的综合财务指数之间有较弱的非参相关性,几乎不存在线性相关。除此之外,修正的综合财务指数与其余三个类别(不考虑没有调整的现金指数)的相关性基本没有太大差异。

综合财务指数与类别间的这种关系表现,是各类别间数据相互影响、相互融合的最终反映。而对我们更具启示意义的是,综合财务指数与相关市场变量之间的联系。

7.3　财务指数与股票市场

7.3.1　研究背景

上市公司的财务能力对股票市场的运行具有重要意义:一

方面上市公司是证券市场的基石，市场的稳定发展归根结底要以上市公司的经营状况为依托，良好的业绩表现能给市场投资者带来丰富收益回报，股票价值提升，市场交易活跃，从而也才能最终保障并促进整个证券市场的良好运行；另一方面无论是股票持有者还是潜在的投资者，以及相关债权人、内部管理人员等都需要对上市公司的财务状况进行综合考量，以作为其投资或经营管理决策的主要依据。

本书通过一定的方法，将上市公司的整体财务发展态势集中于一个指标，即财务指数，也包括综合与类别财务指数，这为我们研究上市公司整体财务态势与股票市场的相关变量的关系提供了可行途径。通过两者关系的讨论，一方面可以分析我国的证券市场发展与上市公司的财务业绩是否相关，其关系的紧密度表现，从而有助我们判断我国证券市场的投资行为是价值投资为主还是投机成分居多；另一方面，根据两者的关系，也有助投资者对市场发展前景进行预测，形成合理的投资决策；最后通过这些经济变量间的关系，也可以验证财务指数的信息内涵与信息效应，这也是本节研究的目的所在。

7.3.2 理论与文献综述

1968 年，Ball 和 Brown 在《会计研究学刊》（*Journal of Accounting Research*，JAR）发表的《会计利润数字的经验性评价》一文，开创性地利用实证方法对会计信息的有用性进行研究，并使会计信息观（information perspective）成为会计研究的主要观点。信息观不同于此前的监管观（stewardship），后者强调会计如何最准确地计量资产、负债、权益和盈余，并且认为会计报告对股票价格没有任何意义，而信息观则主张会计研究应关注信息经济学、证券价格等，会计报告应给投资者、借贷者和其他使用者提供信息以帮助他们做出投资决策和形成关系契约。

在信息观下，会计研究的主要问题是会计信息含量或会计信息有用性。

在会计信息观的指导下，会计实证研究得以广泛地开展起来，特别是由于数据可得性，基于证券市场的这一类研究成果最为丰富。Ball 和 Brown（1968）发现股票价格变化方向与盈余变动方向显著相关。Beaver，Clarke 和 Wright（1979）也发现盈余的变动百分比和股价变动百分比具有显著正相关。Ohlson（1995）研究公司的市场价值与会计盈余、公司账面价值和股价之间的关系，认为未来会计盈余与股票价格相关联。在国内，赵宇龙（1998）发表了第一篇盈余数据在我国股市有用性的论文。陈晓，陈小悦，刘钊（1999）的研究结果也认为会计盈余的披露具有显著的价格或交易量效应。陆正飞、黄明辉（2002）对固定资产投资变化的信息进行了检验，发现在较短的时间窗口内市场缺乏明显的反应。陈信元等（2002）运用 Ohlson 模型发现净收益、净资产、流通股比例和规模都具有价值相关性，并且它们之间具有增量价值相关性。

上述研究主要都是研究某个或某类会计信息与市场的关系，也有学者从财务指标的有用性角度进行了研究。Melvin（1973）就美国证券市场财务指标对普通股票投资者的有用性进行了检验，他选取了十个有代表性的指标作为自变量，以股票投资回报率为因变量构造一个多元回归模型，发现财务指标对预测未来投资回报率虽有一定的效用，但并不显著。Ou 和 Penman（1989）以财务比率构建盈余预测模型，并根据预测结果来决定投资策略，结果发现此种策略获得的报酬能超过市场评价报酬。Abarbanell 和 Bushee（1997）反映对财务基本信息分析的会计信号进行投资，得到年 13.2% 的超额回报率。在我国，张爱民等（2001）研究了财务指标在财务失败预测中的作用。文海涛，倪晓萍（2003）采用 Person 相关系数、kendall 相关系数和 spearman 相关系数研究了我国上市公司财务指标与股价的相关性，得到两者存在确定正相关性的结论。陆正飞，宋小华（2006）采用因子分析和 logistic 回归分析，研究财务指标对股票超额回报的解释能力，发现就 A 股市场整体而言，财务指标预测股票超额回报的能力没有得到有力证明，但回归模型对超额回报预测的准确率高于随机分布的准确率，并发现影响股票超额回报的财务指标随时间而变化，只有成长能力对股票投资者具有较强指导意义。林华（2008）运用 logistic 逐步回归法，建立用财务指标预测盈利变动方向的模型，然后再以模型为依据构造套利投资组合，结果证实财务指标分析在证券投资中的增量有用性。

以上的研究文献，尽管成果极其丰富，但是在三个方面存有不足。一是这些研究都是以单一上市公司的财务指标，单一股票价格或交易量的变化为具体研究样本，研究视角依然是微观的，而缺少从上市公司整体层面的财务信息来加以研究。二是这些研究更多的是讨论股票价格回报率，或价格变动方向等方面对财务指标或会计数据的反应，而忽略了股票交易量的信息。三是这些研究更多的是以上市公司某一个财务指标或某一类财务指标为研究变量，特别是主要集中于盈余方面的信息，而较少涉及上市公司的整体财务能力与股票市场的关系研究，也缺少其他诸如偿债能力、营运能力等方面的财务状况与股票市场的关系分析。当我们构建了上市公司整体财务指数及各类别财务指数后，就为新的研究思路与研究视角提供了可实现的途径。

7.3.3　研究方法与研究设计

我们的研究目的是挖掘各财务指数与股票市场相关变量之间的内在关联性。尽管经济学中研究变量间关系的实证方法已经极其丰富，也越来越深入，但是方法的选择无一不受约于研究变量的数量特征表现。在本节中，我们的财务指数目前仅有

11 个季度数据，无论是从数据的长度还是数据的频度来说，都极其有限，难以达到深入的统计分析方法对数据是大样本的基本要求，如回归分析、时间序列分析等，其得到的结果也会表现为无效或难以解释。因此，本节只研究这些变量间的相关性表现，而对具体的关系表达式不作深究，就具体实现方法来说将采用典型相关分析，并尽可能地对研究变量进行精炼缩减，以满足样本量的基本要求，从而保证研究结果的有效性。

（1）研究方法

由于变量个数众多，如果仅采用简单相关系数不仅过程繁琐，结果也难以明示，不易抓住问题的实质。因此，我们采取典型相关分析，从总体的角度来研究两组变量的关系。

在一元统计中，研究两个变量之间的线性相关性可使用简单相关系数，而要研究多个随机变量与多个随机变量之间的相关关系，则需要典型相关系数，这是 Hotelling 在 1936 年首次提出的。

典型相关分析的基本思想是在每组变量中找出变量的线性组合，使其具有最大相关性，然后再在每组变量中找出第二对线性组合，使其分别与第一对线性组合不相关，而第二对本身具有最大的相关性，如此继续下去，直到两组变量之间的相关性被提取完毕为止。因此讨论两组变量间的相关，就转化为研究这些线性组合的最大相关。下面给出典型相关的数学描述。

设有两组变量 $X = (X_1, X_2, \cdots, X_p)$ 和 $Y = (Y_1, Y_2, \cdots, Y_q)$，设 $\sum$ 表示协方差，则有 $\sum = \begin{pmatrix} \sum_{11} & \sum_{12} \\ \sum_{21} & \sum_{22} \end{pmatrix}$，

则 $\sum_{11}$ 是第一组变量的协方差阵，$\sum_{12}$ 是第一组和第二组变量的协方差阵，$\sum_{22}$ 是第二组变量的协方差阵。而两组变量线性组合是：

$$U = l_1 X_1 + l_2 X_2 + \cdots + l_p X_p$$
$$V = m_1 Y_1 + m_2 Y_2 + \cdots + m_q Y_q$$

其中 $l = (l_l,\ l_2,\ \cdots,\ l_p)'$，$m = (m_l,\ m_2,\ \cdots,\ m_q)'$，为任意非零常数向量。典型相关分析即是在 $Var(U) = 1$，$VAR(V) = 1$ 约束条件下，寻找 l 和 m，使 $\rho_{UV} = Cov(U,V) = l' \sum_{12} m$ 达到最大。

（2）研究变量设计

一般来说，刻画股票市场状况的基本指标就是价格与交易量。对照财务指数的编制样本——沪深 300 指数的样本公司（剔除掉金融类公司），对其价格发展的最好测度是沪深 300 指数。而对交易量的测定，一般既可以是对应时期成交的股数，也可以是交易的金额，我们将这两种交易量分别代入模型进行试算，根据结果的显著性选择效果较好的一个。另一方面，对于股票市场的这些研究变量，需要对其进行相应的调整，使之与财务指数的性质一致，也即财务指数反映的是基于 2006 年各期财务能力的发展水平，因此这些研究变量也将调整成这样的动态比值。

基于以上的认识，并考虑到指标性质的一致性问题，对股票市场的研究变量及计算调整，具体内容如表 7－5：

表 7－5　　　　　　　　　股票市场研究变量定义

指标	变量名称	计算与调整公式
股票价格指数	$X1$	本期末收盘指数/2006 年对应时期指数
交易量或 交易额	$X2$	本期交易股数/2006 年对应时期交易股数 本期交易金额/2006 年对应时期交易金额

而我们的财务能力研究变量不仅包括综合财务指数，也包括各类别财务指数。但是将我们五个类别指数与综合财务指数

都纳入研究体系的话，样本量将显得过少而不能满足实证方法的要求，因此我们考虑将类别财务指数进行合并。依据7.2.2节的研究结论，我们将关系方向一致的指数合并为一类，即偿债指数与现金指数合并为一个类，营运指数、盈利指数与成长指数合并为一类，加上综合财务指数共同构成上市公司财务能力的内容。由于现金指数与综合财务指数分别有修正与非修正的两类，在实际研究中我们也将分别代入这两类，选择最显著的结果予以解释。另外，类别财务指数的合并也是以类别的专家权重进行的加权汇总。见表7-6。

表7-6 财务能力研究变量

指标	变量名称
偿债指数 （修正的）现金指数	$Y1$
营运指数 盈利指数 成长指数	$Y2$
（修正的）综合财务指数	$Y3$

7.3.4 结果解释

本书以 SPSS 软件为研究工具，经过多次试算后，得到如下的结果。就变量的最终选择，交易股数比交易金额相关性强，修正的现金指数和修正的综合财务指数相关性均大于非修正的。另外，财务指数与当期的股票市场变量相关性弱于财务指数与滞后一期的股票市场变量。因此，最终我们的研究变量定义如下：

表7-7　　　　　　　典型相关分析研究变量定义

股票市场变量 U		财务能力变量 V	
股票价格指数滞后一期	X_1	偿债指数 修正的现金指数	y_1
交易量滞后一期	X_2	营运指数 盈利指数 成长指数	y_2
		修正的综合财务指数	y_3

SPSS 典型相关分析程序返回结果如下所示。第一组股票市场变量的相关系数：

Correlations for Set - 1		
	x_1	x_2
x_1	1.000 0	0.146 6
x_2	0.146 6	1.000 0

第二组财务能力变量相关系数：

Correlations for Set - 2			
	y_1	y_2	y_3
y_1	1.000 0	-0.818 2	0.266 1
y_2	-0.818 2	1.000 0	0.329 9
y_3	0.266 1	0.329 9	1.000 0

两组变量的相关系数:

Correlations Between Set - 1 and Set - 2			
	y_1	y_2	y_3
x_1	-0.3827	0.3739	-0.0962
x_2	0.5876	-0.2369	0.5452

可见,股票价格指数、交易量,与财务能力变量间的关系方向相反,由于变量间的交互作用,这个简单相关系数矩阵只能作参考,不能真正反映两组变量间的实质联系,因此我们需要典型相关分析。

典型相关系数结果:

Canonical Correlations			
1	0.883		
2	0.615		
Test that remaining correlations are zero:			
	Wilk's	Chi - SQ	DF	Sig.
1	0.137	13.914	6.000	0.031
2	0.622	3.322	2.000	0.190

第一典型相关系数为 0.883,第二典型相关系数为 0.615,均好于两组变量间的简单相关系数,说明综合的典型相关分析效果好于简单相关分析。进一步对典型相关系数进行 Bartlett 的 χ^2 检验,可见第一和第二典型相关的总体是零相关的概率为 0.031 和 0.190,可见第一典型相关系数通过了 5% 的显著性检验,而第二典型相关没有通过,因此,股票市场变量与财务能力变量间的关系研究转化为第一对典型相关变量之间的关系,第二对典型相关变量我们不作讨论。

第一组股票市场变量和第二组财务能力变量的标准化系数

分别是:

Standardized Canonical Coefficients for Set-1		
	1	2
x_1	-0.788	0.633
x_2	0.742	0.687
Standardized Canonical Coefficients for Set-2		
	1	2
y_1	-4.041	9.437
y_2	-4.907	9.540
y_3	3.238	-5.148

因此，来自股票市场变量的第一典型变量和来自财务能力变量的第一典型变量的计算公式分布如下（公式里的各指标均已标准化处理）：

$$U_1 = -0.788x_1 + 0.742x_2$$
$$V_1 = -4.041y_1 - 4.907y_2 + 3.238y_3$$

两组的第一典型变量的系数分布都较均匀，说明各组下的变量指标的作用大小相似，但是之间的关系还需要进一步地明确。以下是典型结构的结果：

Canonical Loadings for Set-1		
	1	2
x_1	-0.679	0.734
x_2	0.626	0.780
Cross Loadings for Set-1		
	1	2
x_1	-0.600	0.451
x_2	0.553	0.479

Canonical Loadings for Set-2		
	1	2
y_1	0.835	0.262
y_2	-0.533	0.120
y_3	0.544	0.510
Cross Loadings for Set-2		
	1	2
y_1	0.737	0.161
y_2	-0.470	0.074
y_3	0.480	0.314

Canonical Loadings 表示一组原始变量与其对应的典型变量之间的关系，Cross Loadings 表示一组原始变量与其对立的典型变量之间的关系。因此上述的结果，我们可以用如下的典型结构示意图展示。

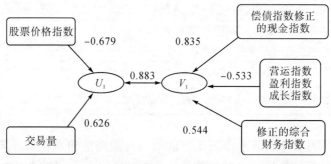

图 7－5　第一典型变量的 Canonical Loadings 示意图

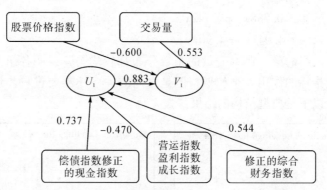

图 7－6　第一典型变量的 Cross Loadings 的示意图

　　股票价格指数与交易量分别与 U_1 成负相关和正相关，两者关系相反但是关联性大小基本均匀。偿债、现金指数与综合财务指数同 V_1 的关系为正，而营运指数、盈利指数和成长指数与 V_1 成负相关，其中偿债和现金指数相关性相对更高。因此，可以明确，营运能力、盈利能力和成长能力影响股票价格的正向变动，而偿债指数和现金指数，包括综合财务指数则会引起交易量的正向变动。第一典型变量的 Cross Loadings 也显示了与 Canonical Loadings 一致的信息。

典型的冗余分析结果如下：

Proportion of Variance of Set－2 Explained by Its Own Can. Var.	
	Prop Var
CV_{2-1}	0. 426
CV_{2-2}	0. 115
Proportion of Variance of Set－2 Explained by Opposite Can. Var.	
	Prop Var
CV_{1-1}	0. 332
CV_{1-2}	0. 043

可见，U_1 代表了股票市场变动信息的 42.7%，而 V_1 代表了上市公司财务能力的 42.6%信息，并且 V_1 可解释股票市场变动的 33.3%。这说明典型相关分析具有较好的解释能力，分析结果较好。

7.3.5 研究结论

综上所述，我们以股票价格指数与股票交易量作为股票市场信息的代表，再对类别财务指数和综合财务指数进行简单分组，构成了财务能力的信息变量，从而研究了这两组变量之间的联系。对以上典型相关的分析结果，我们加以系统整理后，得到了如下的三点结论：

（1）当期的财务能力并没有对当期的股票市场产生有效的、

显著的影响，而是与滞后一季的股票市场变量发生了显著的联系，笔者也试算过财务能力与股票市场滞后一月的关联性，结果同样表现为非显著的。这样的结果说明股票价格或交易量并不能体现上市公司当期的财务能力，从而证明了我国股市尚未达到强有效市场的标准。研究结果测算出股票市场的滞后时间大致为一季，这主要源于我国上市公司财务报表的披露制度，一般来说，季报的完全披露一般在该季度结束后一个月左右，而半年报则要滞后 2 个月左右，年报的完全披露则最迟要到第二年 4 月，由于上市公司本身财务信息的数据披露存有一定的滞后性，因此，本研究结果也无法证明我国股市是否已达到半强式有效的水平。

（2）从整体上说，股票价格与股票的交易量对上市公司财务能力的反映是不同的，两者呈现一种相反的趋势，这似乎与股市投资理论相矛盾。笔者认为存在这样的表现，是由于两个变量对财务类别指数存有不同的反映所致。不过从整体层面来说，综合财务指数能引起股票交易量正的波动，但股票价格却呈现相反的态势，从两者的相关系数来看，前者的正相关性较为明显（0.545 2），而后者的负相关性较弱（-0.096 2）。综合财务指数与股票价格的弱负相关，其原因可能是：一是，由于综合财务指数的内部结构所致，综合财务指数包括五个方面，股票价格对各方面的信息反映是不均衡的，而综合财务指数只是对这五个方面信息的加权合成，是五个方面能力相互牵制的最终结果；二是，或许是上市公司的财务状况低于市场预期的一种结果，即当上市公司财务报告公布后，由于明显低于市场投资者的预期，所以股票价格会有下降的表现；三是，由于股票价格的波动并不全部由上市公司的财务信息所决定，而是一个受到众多确定或非确定的因素所共同影响的随机变量。究竟上市公司财务状况与股票价格联系的内在机理是什么，这有待财务指数编制时期的进一步扩充，才能从大量的数据中挖掘更有效的信息。

（3）从类别指数来说，偿债指数与现金指数的变化会引起交易量的正向变动，而股票价格则呈相反趋势，但波动性弱于交易量。而盈利指数、成长指数与营运指数则引起股票价格呈正相关，说明股票价格确与上市公司盈利的变动具有正的效应，这与大部分的研究文献一致，同时本节也进一步证实上市公司的成长与营运数字也有同样的效应。

最后，需要注意的是，由于这里股票价格指数与交易量都是沪深300样本股的信息，而本书财务指数的编制样本是沪深300样本公司剔除掉金融类公司，因此，股票市场的变量并没有完全与财务指数对等起来，尽管这一类公司的比重相对较小，基本只占到15%左右，但是也会对我们的实证结果产生一定的影响，这是本书研究的一个局限，也是后续财务指数研究的主要方向之一。

7.4 财务指数的后续研究领域

本书上市公司财务指数的构建是基于传统财务分析的视角，借此既可以进行上市公司的自我评估也可以进行社会评价，并且其信息内涵源于历史数据，因此具有普遍的社会公认性。但是仅停留于传统财务研究的视角，则财务指数的信息量与应用面会受到较大局限，因此下一阶段的财务指数的发展方向是针对"特定财务行为"的研究。

所谓特定的财务行为是指以财务特征为主体但又不局限于财务，较之传统意义下的财务分析，其内容更具扩展性，更具社会关注性，如上市公司投融资行为、收益分配行为、定向增发行为、并购行为、募集变更行为等。构造反映这些特定财务行为能力的财务指数是我们上市公司财务指数后续的研究方向，我们可以将之称作为"特定财务行为指数"，而本书编制的财务指数可称作"基本财务指数"。特定财务行为指数的编制资料不易直接获取，并且资料更具个性化而非同一标准，同时随着资本市场的不断创新，这些特定财务行为也发生着变化，因此特定财务行为指数是对企业财务信息的深度加工，编制过程将会更加系统、深入与复杂，但其提供的信息将更能满足社会的不同需求，同时也能满足上市公司的某些特定需求，具有更加深刻的经济价值。

就本书编制的传统意义上的财务指数，由于一些客观与非客观因素的限制，已取得的研究成果还存有一定的不足，这些不足还有待我们进一步完善。纵观全文，后续还需要完善的方面主要有：

（1）由于数据取得的限制，目前暂且只能编制 11 期的财务指数，因此在很大程度上限制了财务指数的应用深度与宽度，随着财务指数内容量的充实，财务指数的应用空间将会得以拓展与衍生，如与宏观经济发展的联系、与宏观物价指数的联系、与特定上市公司的财务监测预警相结合等，并且在研究模式上可以采取更深入的实证方法。

（2）财务指标的选取还有待进一步讨论修订，尽量避免出现像盈余现金保障倍数这类波动幅度较大、可比性欠缺的指标，笔者对该部分后续研究思路是，完善财务指标的选取与赋权的调研工作，采用德尔菲法，对财务信息提供者、使用者和第三方（主要指学者）的专家进行调研，以期指标体系能够得到公众的认可。

（3）由于笔者个人能力的有限，本书的研究样本并没有包括金融类上市公司，这也是未来需要进一步完善的方面，在此，需要专门讨论金融类上市公司的财务信息特征，从而单独地展开金融类上市公司财务评价体系的建立，形成金融类上市公司财务指数，进而形成综合财务指数。

（4）关于对比基期的选择问题，由于企业财务存在明显季节周期波动特征，为剔除由于季节变换引起的指数波动，而单纯反映上市公司财务状态的长期发展趋势，因此本书编制的财务指数是采用同期比的关系。未来也可将同期比调整为与上一期比，这样比较的结果可以反映上市公司财务状况的季节特征。总之，财务指数可以在基本编制方法基础上作出相应调整，以满足不同的研究目的与研究视角。

7.5　本章小结

本章是在对财务指数的数据特征与内部相关性进行深入分析的基础上，探讨了上市公司财务指数与股票市场相关变量，从而分析与验证财务指数的信息含量与信息效应。

首先，本章分析了财务指标、类别财务指数和综合财务指数三个层面的数据走势特征，得到了如下结论：①偿债指数走势最平稳，其走势特征表现出当宏观经济态势较好时，上市公司倾向于提高负债水平以利用财务杠杆，而在外部宏观经济出现低迷态势，上市公司趋于提高偿债能力，或者说在市场风险巨大时，上市公司更趋于保守的财务管理。②营运指数的波动具有明显的季节周期，表现为每年的第三季度均是该指数的谷底，但是到了第四季度该指数又迅速恢复。笔者认为这可能是由于在四季度上市公司一般都会加大应收账款的回收力度，同时第四季度又会对销售收入进行最后的冲刺，综合造成的一种表象。③盈利指数与成长指数走势具有显著的相似性，两类指数都对宏观经济状况更具敏感性，而走势的趋同性，表明上市公司盈利与成长情况总是相辅相成的。④修正的综合财务指数的走势特征与宏观经济背景存在一定的趋同性，并且也还存在一定的周期性，也即普遍四季度财务指数值都是全年的低点，而在一、二季度指数则出现明显上涨情况。

本章第二部分，基于财务指数的数据特征，采用 person 相关系数、spearman 相关系数和 Kendall tau 系数研究了各财务指数之间的相关性，得到如下结论：①偿债能力与现金流量能力存在正相关关系，说明当上市公司现金流量较充裕时，其偿债水平也较高。②营运指数、盈利指数与成长指数之间存在正相关，特别是盈利指数与成长指数之间存在显著的高度正相关关系，说明上市公司的业绩表现与业绩成长水平的发展是一致的。③不论修正的还是非修正的现金指数，均与营运指数、盈利指数、成长指数分别地存在显著的负相关关系。造成这一关系的原因，可能是较高的净现金流会影响到销售收入的总量，两者往往难以保持同步的增长，甚至出现背离。此外，一般地，企业为获得快速的销售收入增长，很多时候是借助于产品赊销等促销手段，而应收账款、存货等都会占用大量的营运资金；④偿债指数与营运指数、盈利指数、成长指数也分别地呈现负相关关系，尽管这一关系没有通过显著检验，但也从侧面印证了财务杠杆的理论。

本章在第三部分，采用典型相关分析，研究了各类财务指数与股票市场的内部联系，结果显示两者存在显著的相关性，不仅验证了财务指数的有效性，还得到极具启示意义的几点结论：①当期的财务能力与滞后一季的股票市场变量发生了显著的联系，从而证明了我国股市尚未达到强有效市场的标准。并且，研究结果测算出股票市场的滞后时间大致为一季，这主要源于我国上市公司财务报表披露制度。②从整体上说，股票价格与股票的交易量对上市公司财务能力的反映是不同的，从整体层面来说，修正的综合财务指数能引起股票交易量正的波动，但股票价格却呈现相反的态势。综合财务指数与股票价格的弱负相关，其一，是由于综合财务指数是五个方面财务能力相互牵制的最终结果；其二，或许是上市公司的财务状况低于市场预期的一种结果表现；其三，也是由于股票价格的波动并不全部由上市公司的财务信息所决定，而是一个受到众多确定或非确定的因素所共同影响的随机变量。③从类别指数来说，偿债指数与现金指数的变化会引起交易量的正向变动，而股票价格则呈相反趋势；而盈利指数、成长指数与营运指数则引起股票价格呈正相关，说明股票价格确与上市公司盈利的变动具有正的效应，这与大部分的研究文献一致，同时本节也进一步证实上市公司的成长与营运指数也具有同样效应。

最后，本书指出了上市公司财务指数的后续研究领域，即"特定财务行为指数"的构造研究，这一发展方向将大大拓展财务指数的信息空间与应用空间，具有深刻的经济价值。此外，针对本书研究的一些局限，也总结了四个需要进一步完善的方面。

参考文献

1. 毕大川，刘树皮. 经济周期与预警系统 ［M］. 北京：科学出版社，1990.

2. 池国华，迟旭升. 我国上市公司经营业绩评价系统研究 ［J］. 会计研究，2003（8）.

3. 陈静. 上市公司财务恶化预测的实证分析 ［J］. 会计研究，1999（4）.

4. 陈晓，陈小悦，刘钊. A 股盈余报告的有用性研究 ［J］. 经济研究，1999（6）.

5. 陈晓，陈治鸿. 财务困境研究的理论、方法与应用 ［J］. 投资研究，2000（6）.

6. 陈信元，陈冬华，朱红军. 净收益、剩余收益与市场定价：会计信息的价值相关性 ［J］. 金融研究，2002（4）.

7. 程涛. 企业财务预警系统研究 ［J］. 财会月刊，2003（21）.

8. 陈衍泰，陈国宏，李美娟. 综合评价方法分类及研究进展 ［J］. 管理科学学报，2004（4）.

9. 董明志. 企业财务分析评价初探［J］. 会计研究，2000 (5).

10. 干胜道，童利忠. 企业财务综合评价——理论与模型［J］. 四川大学学报（哲学社会科学版），2001 (2).

11. 高培业，张道奎. 企业失败判别模型实证研究［J］. 统计研究，2000 (10).

12. 葛文雷. 上市公司财务状况综合评价［J］. 管理工程学报，1999 (2).

13. 桂文林，舒晓惠，伍超标. 上市公司财务评价历史分析和展望［J］. 工业技术经济，2005 (4).

14. 顾海兵. 宏观经济预警研究：理论·方法·历史［J］. 经济理论与经济管理，1997 (4).

15. 顾晓安. 公司财务预警系统的构建［J］. 财经论丛，2000 (7).

16. 郭亚军. 综合评价理论与方法［M］. 北京：科学出版社，2002.

17. 郭亚军. 一种新的动态综合评价方法［J］. 管理科学学报，2002 (4).

18. 郭亚军，易平涛. 线性无量纲化方法的性质分析［J］. 统计研究，2008 (2).

19. 郭复初，罗福凯，华金秋. 发展财务学导论［M］. 北京：清华大学出版社，2005.

20. 何堃. 层次分析法的标度研究［J］. 系统工程理论与实践，1997 (6).

21. 何慧婷，柳建民. 构建上市公司财务比率指标评价体系［J］. 管理学报，2005 (7).

22. 何卫红，郑垂勇. 财务困境及预警研究述评［J］. 财会通讯（学术版），2007 (7).

23. 侯岳衡，沈德家．指数标度及其与几种标度的比较 [J]．系统工程理论与实践，1995（10）．

24. 姜秀华，任强，孙铮．上市公司财务危机预警模型研究 [J]．预测，2002（3）．

25. 李美娟，陈国宏，陈衍泰．综合评价中指标标准化方法研究 [J]．中国管理科学，2004（10）．

26. 黎继子，倪武帆，杨卫丰．基于 BP 人工神经网络的上市公司财务评估分析 [J]．武汉纺织工学院学报，1999（12）．

27. 黎春．基于动态财务评价下的评价指标体系构建 [J]．财会研究，2009（12）．

28. 林华．公司财务指标分析在证券投资中的应用——来自中国沪市 A 股的经验数据 [J]．上海经济研究，2008（3）．

29. 刘飞，张广盈．基于 Panel Data 模型的上市公司动态综合评价 [J]．商业经济，2005（8）．

30. 刘奇，马若微．上市公司绩效评价指标体系确定的属性约简方法 [J]．西北大学学报，2006（5）．

31. 刘新允，庞清乐，刘爱国．基于遗传神经网络的财务危机预警研究 [J]．商业研究，2007（9）．

32. 陆正飞，黄明辉．固定资产投资的信息含量研究——来自中国 A 股市场的证据 [J]．中国会计与财务研究，2002（2）．

33. 陆正飞，宋小华．财务指标在股票投资决策中的有用性：基于中国证券市场的实证研究 [J]．南开管理评论，2006年 9（6）．

34. 罗福凯．公司财务周期研究 [M]．青岛：中国海洋大学出版社，2007.

35. 吕长江，赵岩．上市公司财务状况分类研究 [J]．会计研究，2004（11）．

36. 麻晓艳．企业业绩评价模式演进及趋势 [J]．商业时代，2007（10）．

37. 毛定祥．上市公司动态复合财务系数［J］．数理统计与管理，2000（1）．

38. 苗润生．公司财务预警系统研究［J］．中央财经大学学报，2003（8）．

39. 聂富强．中国国家经济安全预警系统研究［M］．北京：中国统计出版社，2005．

40. 彭家生．企业灰色财务评价研究［J］．经济问题探索，2000（6）．

41. 彭静，欧阳令南，彭勇．国内外财务危机预警研究综述［J］．科技进步与对策，2007（6）．

42. 邱东，汤光华．对综合评价几个阶段的再思考［J］．统计教育，1997（4）．

43. 邱东．多指标综合评价方法的系统分析［M］．北京：中国统计出版社，1991．

44. 戚少成．企业景气调查与分析［M］．北京：中国统计出版社，2004．

45. 阮建军，张治华，钟敬棠．灰色系统理论在财务分析与评价体系中的运用——实证灰色关联分析之基本思路［J］．商业研究，2002（6）．

46. 宋献中．财务管理目标与财务指标体系的构建［J］．经济科学，1994（6）．

47. 宋海洲，王志江．客观权重与主观权重的权衡［J］．技术经济与管理研究，2003（3）．

48. 苏为华．多指标综合评价理论与方法研究［M］．北京：中国物价出版社，2002．

49. 王光明，陈晓，琚春华．商业企业综合实力评价与决策模型的研究［J］．管理过程学报，1999（2）．

50. 王欣荣, 樊治平. 上市公司财务状况的动态多指标综合评价方法 [J]. 系统工程理论与实践, 2002 (4).

51. 王昆, 宋海洲. 三种客观权重赋权法的比较分析 [J]. 技术经济与管理研究, 2003 (6).

52. 王进, 张百祥. 西方企业业绩评价方法评析 [J]. 财会月刊, 2004 (10).

53. 王悌云, 王忠彬. 企业经营绩效中财务指标的无量纲化评价 [J]. 企业经济, 2006 (6).

54. 王璐, 庞皓. 综合评价中的指标选择方法 [J]. 统计与决策, 2007 (1).

55. 文海涛, 倪晓萍. 我国上市公司财务指标与股价相关性实证分析 [J]. 数量经济技术经济研究, 2003 (11).

56. 吴世农, 卢贤义. 我国上市公司财务困境的预测模型研究 [J]. 经济研究, 2001 (6).

57. 熊立, 梁樑, 王国华. 层次分析法中数字标度的选择与评价方法研究 [J]. 系统工程理论与实践, 2005 (3).

58. 徐国祥, 檀向球, 胡穗华. 上市公司经营业绩综合评价及其实证研究 [J]. 统计研究, 2000 (9).

59. 徐国祥. 统计指数理论与应用 [M]. 北京: 中国统计出版社, 2004.

60. 许娟. 中国上市公司财务指数的初步构建 [M]. 成都: 西南财经大学出版社, 2007.

61. 徐光华, 柳世平, 刘义鹃. 财务报表解读与分析 [M]. 北京: 清华大学出版社, 2008.

62. 杨淑娥, 徐伟刚. 上市公司财务预警模型——Y 分数模型的系统研究 [J]. 中国软科学, 2003 (1).

63. 杨宇. 多指标综合评价中赋权方法评析 [J]. 统计与决策, 2006 (7).

64. 杨淑娥，王乐平. 基于 BP 神经网络和面板数据的上市公司财务危机预警［J］. 系统工程理论与实践，2007（2）.

65. 于鹏飞，王丽娜. 财务预警中样本数据无量纲化方法的选择［J］. 会计之友，2005，12（A）.

66. 张玲. 财务危机预警分析判别模型及其应用［J］. 预测，2000（6）.

67. 张爱民，祝春山，许丹健. 上市公司财务失败的主成分预测模型及其实证研究［J］. 金融研究，2001（3）.

68. 张新民，王秀丽. 企业财务状况的质量特征［J］. 会计研究，2003（9）.

69. 张鸣，张艳，程涛. 企业财务预警研究前沿［M］. 北京：中国财政经济出版社，2004.

70. 张友棠. 财务预警系统管理研究［M］. 北京：中国人民大学出版社，2004.

71. 张鸣，程涛. 上市公司财务预警实证研究的动态视角［J］. 财经研究，2005（1）.

72. 张卫华，赵铭军. 指标无量纲化方法对综合评价结果可靠性的影响及其实证分析［J］. 统计与信息论坛，2005（5）.

73. 张先治. 财务分析［M］. 大连：东北财经大学出版社，2005.

74. 张友棠，张勇. 企业财务景气监测预警系统初探［J］. 财会通讯（综合版），2006（8）.

75. 张蕊. 企业经营业绩评价方法的比较研究［J］. 当代财经，2006（2）.

76. 赵宇龙，会计盈余披露的信息含量［J］. 经济研究，1998（7）.

77. 赵华平，张所地. 对上市公司绩效的动态综合评价研究［J］. 山西统计，2003（10）.

78. 周首华，杨济华，王平. 论财务危机的预警分析——F分数模式 [J]. 会计研究，1996 (8).

79. 周利芬，尹光辉. 财务困境预警建模方法研究述评 [J]. 统计与决策，2007 (24).

80. 中国诚信证券评估公司. 中国上市公司基本分析1997 [M]. 北京：中国财政经济出版社，1997.

81. 赵德武. 财务经济行为与效率 [J]. 财经科学，1999 (2).

82. 赵德武. 我国宏观财务经济监测与预警问题研究 [J]. 财务与会计，2000 (3).

83. 赵德武. 关于中国上市公司财务指数研发工作的若干设想 [J]. 工作论文，2008.

84. 韦斯理·C. 米切尔，亚瑟·F. 波恩斯. 经济周期的计量 [M]. 纽约：NBER，1946.

85. MICHAEL P. NIEMIRA, PHILIP A. KLEIN. 金融与经济周期预测 [M]. 邱东，等，译. 北京：中国统计出版社，1998.

86. ABARBANELL J S, BUSHEE, B J. Fundamental Analysis: Future Earnings and Stock Prices [J]. Journal of Accounting Research, 1997 (35), 1-24.

87. ALBULOUSHI, SAAD SULAIMAN. Fundamental Analysis and Earnings Forecasting: Testing The Relevance of Financial Statement Information To Financial Analysts [J]. UMI Microform, 2000 (1).

88. ALTMAN E I. Financial Ratios Discriminant Analysis and Prediction of Corporate Bankruptcy. Journal of Finance, 1968 (9): 589-609.

89. ALTMAN E I, MARCO G, VARETTO F. Corporate Distress

Diagnosis: Comparison Using Linear Discriminate Analysis Neural Network [J]. Journal of Banking and Finance, 1994, 18 (1): 505 - 529.

90. BALL, RAY, BROWN. An Empirical Evaluation of Accounting Income Numbers [J]. Journal of Accounting Research, 1968 (VI), 159 - 178.

91. BEAVER W H. Financial Ratios As Predictors of Failure" [J] . Journal of Accounting Research, 1966, 4: 71 - 111.

92. BEAVER W R CLARKE, W WRIGHT. The Association Between Unsystematic Security Returns and The Magnitude of The Earnings Forcast Error [J]. Journal of Accounting Research, 1979, autum: 316 - 340.

93. CHARLES H GIBSON. Financial Ratios in Annual Reports" [J]. The CPA Journal, 1982 (9): 18 - 29.

94. D DIAKOULAKI, G MAVROTAS, L PAPAYANNAKIS. Determining Objective Weights in Multiple Criteria Problems: The CRITIC Method [J]. Computer Ops Res, 1995, 22, 763 - 770.

95. GEORGE E PINCHES, A A EUBANK, KENT A MINGO, J KENT CARUTHERS. The Hierarchical Classification of Financial Ratios [J]. Journal of Business Research, 1975 (10): 295 - 310.

96. JAMES O HORRIGAN. Some Empirical Base of Financial Ratio Analysis [J]. The Accounting Review, 1965 (7): 558 - 568.

97. JANE A OU, STEPHEN H PENMAN. Financial Statement Analysis and The Predicition of Stock Returns [J]. Journal of Accounting and Economics, 1989 (11), 295 - 329.

98. JEFFREY L JORDAN, CHRISTOPHER N CARLSON, JAMES R WILSON. Financial Indicators Measure Fiscal Health

参考文献

[J]. American Water Works Association, 1997 (8): 34 - 40.

99. KUNG H CHEN, THOMAS A SHIMERDA. An Empirical Analysis of Useful Financial Ratios [J]. Financial Management, 1981 (spring): 51 - 60.

100. M ZELENY. A Concept of Compromise Solutions and The Method of The Displaced Ideal [J]. Computer Operations Research, 1974, 1: 479 - 496.

101. MELVIN C. O CONNOR. On the Usefulness of Financial Rations to Investors in Common Stock [J]. The Accounting Review, 1973 (48), 339 - 352.

102. NOELIA ROMERO CASTRO, JUAN PIÑEIRO CHOUSA. An Integrated Framework for The Financial Analysis of Sustainability [J]. Business Strategy and the Environment, 2006 (9/10): 322.

103. OHLSON J S. Financial Ratios and The Probabilistic Prediction of Bankruptcy [J]. Journal of Accounting Research, 1980, 18 (1).

104. OHLSON, JAMES A. Earnings, Book Values and Dividends in Equity Valuation [J]. Contemporary Accounting Research, 1995 (11), 661 - 687.

105. PALEPU, HEALY, BERNARD. Business Analysis and valuation: Using financial statements [M]. Mason: South - Western Publishing Co. , 1996.

106. T L SAATY. The Analytic Hierarchy Process [M]. NY: McGraw Hill Inc. , 1980.

107. WALTER A CHUDSON. The pattern of Corporate Financial Structure [M]. New York: National Bureau of Economic Research, 1945.

附 录

1　上市公司财务指数系统指标体系构建的问卷

上市公司财务指数系统的指标

系构建问卷

尊敬的被访者：

　　您好！感谢您在百忙之中填写这份问卷！

　　上市公司的财务状况不仅对投资者、管理者和债权人等有重要作用，对整个证券市场的健康运行发展也极具重要意义，为综合反映上市公司整体的财务动态走势，监测上市公司财务运行状态，我们成立了中国上市公司财务指数研究课题组，拟从动态统计指数的方法入手，构建一个反映我国上市公司整体财务状况的"财务指数"，以长期跟踪刻画其财务运行状态。在此，为了解各位专家对上市公司财务状况的财务指标构成及对各指标重要程度的看法，课题组开展了此次关于上市公司财务指数系统的指标体系构建的问卷调查活动，以期建立一个能得到社会广泛认可的财务指标体系。

一、您的基本信息

1. 您的性别（　　）。

　　A. 男　　　　　　　　　　B. 女

2. 您的专业是＿＿＿＿＿＿。

3. 您的工作年限＿＿＿＿＿＿年。

4. 您从事的行业是（　　）。

　　A. 金融保险业　　　　　　B. 制造业

　　C. 公共行政　　　　　　　D. 零售业

　　E. 农林牧渔业　　　　　　F. 服务业（除教育）

　　G. 教育业　　　　　　　　H. 建筑业

　　I. 计算机业　　　　　　　J. 其他

5. 您工作单位的性质是（　　）。

　　A. 国有企业　　　　　　　B. 外资/合资企业

　　C. 民营企业　　　　　　　D. 股份制企业

　　E. 自主经营　　　　　　　F. 政府机关及事业单位

　　G. 科研教学单位　　　　　H. 其他

二、调查内容

说明：以下各题要求对各财务评价指标的"重要性"进行打分，这里以"1~5"分代表重要程度，其具体含义如下：

非常重要———————→一般重要				
5	4	3	2	1

1. 有如下财务比率用于反映上市公司的偿债能力，选出您认为相对重要并具代表性的指标（请勿超过五个），对其重要性进行打分，对于其他"相对不重要"的指标不做评价：

流动比率 ……………………………………（　　）分

速动比率 ……………………………………（　　）分

现金比率 ……………………………………（　　）分

营运资金/资产总额……………………………（　　）分

营运资金/净资产………………………………（　　）分

资产负债率 …………………………………（　　）分

所有者权益比率（股东权益合计/资产总额）…………

………………………………………………（　　）分

流动资产比率（流动资产/资产总额）………（　　）分

利息保障倍数 ………………………………（　　）分

股东权益/负债总额…………………………（　　）分

2. 有如下财务比率用于反映上市公司的营运能力，选出您认为相对重要并具代表性的指标（请勿超过五个），对其重要性进行打分，对于其他"相对不重要"的指标不做评价：

应收账款周转率 ……………………………（　　）分

存货周转率 …………………………………（　　）分

流动资产周转率 ……………………………（　　）分

固定资产周转率 ……………………………（　　）分

总资产周转率 ………………………………（　　）分

长期资产周转率 ……………………………（　　）分

3. 有如下财务比率用于反映上市公司的盈利能力，选出您认为相对重要并具代表性的指标（请勿超过五个），对其重要性进行打分，对于其他"相对不重要"的指标不做评价：

净资产收益率 ………………………………（　　）分

总资产净利润率 ……………………………（　　）分

资产报酬率（税前利润/平均资产总额）……（　　）分

主营业务利润率（主营业务利润/主营业务收入）………

………………………………………………（　　）分

流动资产净利润率 …………………………（　　）分

边际利润率［（利润＋销售成本）/销售收入］…………

…………………………………………………（　　）分

4. 有如下财务比率用于反映上市公司的现金流量能力，选出您认为相对重要并具代表性的指标（请勿超过四个），对其重要性进行打分，对于其他"相对不重要"的指标不做评价：

盈余现金保障倍数（经营活动现金净流量/净利润）……

…………………………………………………（　　）分

主营业务收入现金比率（经营活动现金净流量/主营业务收入）…………………………………………（　　）分

现金流量对流动负债的比率（经营活动现金流量净额/流动负债…………………………………………（　　）分

销售现金比率（经营活动现金净流量/销售额）…………

…………………………………………………（　　）分

5. 有如下财务比率用于反映上市公司的成长能力，选出您认为相对重要并具代表性的指标（请勿超过四个），对其重要性进行打分，对于其他"相对不重要"的指标不做评价：

资本保值增值率 …………………………（　　）分

固定资产增长率 …………………………（　　）分

总资产增长率 ……………………………（　　）分

净利润增长率 ……………………………（　　）分

主营业务增长率 …………………………（　　）分

6. 综上所述，评价上市公司财务状况的指标可分为以下五个方面，请分别以它们的重要性对其赋予权重（五个方面的权重之和为100%）：

偿债能力 …………………………………（　　）%

营运能力 ………………………………………… (　　) %

盈利能力 ………………………………………… (　　) %

现金流量能力 ………………………………… (　　) %

成长能力 ………………………………………… (　　) %

再次感谢您的鼎力支持!

2　各样本点财务指标权重的确定

关于各财务指标权重确定的详细过程, 已在正文 6.4.2 节做了详细列示, 由于篇幅的限制, 这里仅列示余下各样本期间数据的实证分析结果, 对具体过程与内容不再做详细解释。

此外, 由于现金流量能力下的两个评价指标, 不论因子的方差贡献率为多少, 两者的共同度都会相等, 从而各自的客观权重也是均等的, 因此我们也不再对现金能力这一类别作因子分析的列示。

表 1　　　　2006 年二季度评价指标的最终权重

财务指标	专家权重	客观权重	组合权重	最终权重
流动比率	0.149 7	0.304 4	0.227 1	0.044 2
速动比率	0.182 9	0.305 4	0.244 1	0.047 5
现金比率	0.317 0	0.303 8	0.310 4	0.060 4
资产负债率	0.350 3	0.086 4	0.218 4	0.042 5
应收账款周转率	0.385 1	0.073 6	0.229 3	0.036 2
存货周转率	0.285 3	0.353 0	0.319 2	0.050 3
流动资产周转率	0.173 0	0.286 0	0.229 5	0.036 2

表1（续）

财务指标	专家权重	客观权重	组合权重	最终权重
总资产周转率	0.156 6	0.287 4	0.222 0	0.035 0
净资产收益率	0.385 3	0.018 0	0.201 6	0.081 3
总资产净利润率	0.164 7	0.337 4	0.251 0	0.058 8
资产报酬率	0.164 7	0.347 7	0.256 2	0.057 7
营业利润率	0.285 4	0.296 9	0.291 2	0.058 8
盈余现金保障倍数	0.598 7	0.500 0	0.549 4	0.112 4
营业收入现金比率	0.401 3	0.500 0	0.450 7	0.092 2
资本保值增值率	0.310 4	0.300 1	0.305 3	0.057 9
净利润增长率	0.310 4	0.288 9	0.299 6	0.056 8
营业收入增长率	0.379 2	0.411 0	0.395 1	0.074 9

表 2　　　　　　　　2006 年三季度评价指标的最终权重

评价指标	专家权重	客观权重	组合权重	最终权重
流动比率	0.149 7	0.274 0	0.211 8	0.041 2
速动比率	0.182 9	0.289 2	0.236 0	0.045 9
现金比率	0.317 0	0.256 9	0.287 0	0.055 8
资产负债率	0.350 3	0.180 0	0.265 1	0.051 6
应收账款周转率	0.385 1	0.101 4	0.243 2	0.038 4
存货周转率	0.285 3	0.344 4	0.314 9	0.049 7
流动资产周转率	0.173 0	0.282 3	0.227 6	0.035 9
总资产周转率	0.156 6	0.271 9	0.214 3	0.033 8
营业利润率	0.285 4	0.158 8	0.222 1	0.056 3
资产报酬率	0.164 7	0.295 0	0.229 8	0.058 3

评价指标	专家权重	客观权重	组合权重	最终权重
总资产净利润率	0.164 7	0.299 7	0.232 2	0.058 9
净资产收益率	0.385 3	0.246 5	0.315 9	0.080 1
营业收入现金比率	0.401 3	0.500 0	0.450 7	0.092 2
盈余现金保障倍数	0.598 7	0.500 0	0.549 4	0.112 4
资本保值增值率	0.310 4	0.333 6	0.322 0	0.061 0
净利润增长率	0.310 4	0.333 2	0.321 8	0.061 0
营业收入增长率	0.379 2	0.333 2	0.356 2	0.067 5

表3　　　　2006 年四季度评价指标的最终权重

评价指标	专家权重	客观权重	组合权重	最终权重
流动比率	0.149 7	0.277 7	0.213 7	0.041 6
速动比率	0.182 9	0.290 0	0.236 4	0.046 0
现金比率	0.317 0	0.259 2	0.288 1	0.056 0
资产负债率	0.350 3	0.173 0	0.261 7	0.050 9
应收账款周转率	0.385 1	0.085 5	0.235 3	0.037 1
存货周转率	0.285 3	0.359 6	0.322 5	0.050 9
流动资产周转率	0.173 0	0.282 2	0.227 6	0.035 9
总资产周转率	0.156 6	0.272 7	0.214 6	0.033 8
营业利润率	0.285 4	0.170 0	0.227 7	0.057 7
资产报酬率	0.164 7	0.289 5	0.227 1	0.057 6
总资产净利润率	0.164 7	0.297 0	0.230 9	0.058 5
净资产收益率	0.385 3	0.243 5	0.314 4	0.079 7
营业收入现金比率	0.401 3	0.500 0	0.450 7	0.092 2

表3(续)

评价指标	专家权重	客观权重	组合权重	最终权重
盈余现金保障倍数	0.598 7	0.500 0	0.549 4	0.112 4
资本保值增值率	0.310 4	0.485 9	0.398 1	0.075 5
净利润增长率	0.310 4	0.042 9	0.176 7	0.033 5
营业收入增长率	0.379 2	0.471 2	0.425 2	0.080 6

表4　　　　　2007 年一季度评价指标的最终权重

评价指标	专家权重	客观权重	组合权重	最终权重
流动比率	0.149 7	0.278 5	0.214 1	0.041 6
速动比率	0.182 9	0.289 1	0.236 0	0.045 9
现金比率	0.317 0	0.260 2	0.288 6	0.056 1
资产负债率	0.350 3	0.172 2	0.261 3	0.050 8
应收账款周转率	0.385 1	0.106 1	0.245 6	0.038 7
存货周转率	0.285 3	0.284 0	0.284 6	0.044 9
流动资产周转率	0.173 0	0.308 9	0.241 0	0.038 0
总资产周转率	0.156 6	0.301 0	0.228 8	0.036 1
营业利润率	0.285 4	0.158 0	0.221 7	0.056 2
资产报酬率	0.164 7	0.287 0	0.225 8	0.057 3
总资产净利润率	0.164 7	0.295 0	0.229 8	0.058 3
净资产收益率	0.385 3	0.260 0	0.322 7	0.081 8
营业收入现金比率	0.401 3	0.500 0	0.450 7	0.092 2
盈余现金保障倍数	0.598 7	0.500 0	0.549 4	0.112 4
资本保值增值率	0.310 4	0.001 0	0.155 7	0.029 5
净利润增长率	0.310 4	0.499 5	0.405 0	0.076 8
营业收入增长率	0.379 2	0.499 5	0.439 4	0.083 3

表5   2007 年二季度评价指标的最终权重

评价指标	专家权重	客观权重	组合权重	最终权重
流动比率	0.149 7	0.285 0	0.217 4	0.042 3
速动比率	0.182 9	0.295 1	0.239 0	0.046 5
现金比率	0.317 0	0.274 0	0.295 5	0.057 5
资产负债率	0.350 3	0.145 8	0.248 1	0.048 2
应收账款周转率	0.385 1	0.160 0	0.272 5	0.043 0
存货周转率	0.285 3	0.218 1	0.251 7	0.039 7
流动资产周转率	0.173 0	0.310 2	0.241 6	0.038 1
总资产周转率	0.156 6	0.311 7	0.234 2	0.036 9
营业利润率	0.285 4	0.141 7	0.213 6	0.054 2
资产报酬率	0.164 7	0.294 9	0.229 8	0.058 3
总资产净利润率	0.164 7	0.302 9	0.233 8	0.059 3
净资产收益率	0.385 3	0.260 5	0.322 9	0.081 9
营业收入现金比率	0.401 3	0.500 0	0.450 7	0.092 2
盈余现金保障倍数	0.598 7	0.500 0	0.549 4	0.112 4
资本保值增值率	0.310 4	0.298 2	0.304 3	0.057 7
净利润增长率	0.310 4	0.403 6	0.357 0	0.067 7
营业收入增长率	0.379 2	0.298 2	0.338 7	0.064 2

表6   2007 年三季度评价指标的最终权重

评价指标	专家权重	客观权重	组合权重	最终权重
流动比率	0.149 7	0.283 4	0.216 6	0.042 1
速动比率	0.182 9	0.291 3	0.237 1	0.046 1
现金比率	0.317 0	0.264 1	0.290 5	0.056 5

表6(续)

评价指标	专家权重	客观权重	组合权重	最终权重
资产负债率	0.350 3	0.161 3	0.255 8	0.049 7
应收账款周转率	0.385 1	0.129 5	0.257 3	0.040 6
存货周转率	0.285 3	0.250 7	0.268 0	0.042 3
流动资产周转率	0.173 0	0.309 9	0.241 5	0.038 1
总资产周转率	0.156 6	0.309 9	0.233 3	0.036 8
营业利润率	0.285 4	0.139 3	0.212 3	0.053 8
资产报酬率	0.164 7	0.300 2	0.232 4	0.058 9
总资产净利润率	0.164 7	0.308 6	0.236 6	0.060 0
净资产收益率	0.385 3	0.252 0	0.318 7	0.080 8
营业收入现金比率	0.401 3	0.500 0	0.450 7	0.092 2
盈余现金保障倍数	0.598 7	0.500 0	0.549 4	0.112 4
资本保值增值率	0.310 4	0.307 9	0.309 2	0.058 6
净利润增长率	0.310 4	0.284 2	0.297 3	0.056 4
营业收入增长率	0.379 2	0.407 9	0.393 5	0.074 6

表7 2007 年四季度评价指标的最终权重

评价指标	专家权重	客观权重	组合权重	最终权重
流动比率	0.149 7	0.283 3	0.216 5	0.042 1
速动比率	0.182 9	0.291 8	0.237 3	0.046 2
现金比率	0.317 0	0.253 2	0.285 1	0.055 4
资产负债率	0.350 3	0.171 7	0.261 0	0.050 8
应收账款周转率	0.385 1	0.141 6	0.263 3	0.041 5
存货周转率	0.285 3	0.260 7	0.273 0	0.043 1

表7(续)

评价指标	专家权重	客观权重	组合权重	最终权重
流动资产周转率	0.173 0	0.291 7	0.232 4	0.036 6
总资产周转率	0.156 6	0.306 0	0.231 3	0.036 5
营业利润率	0.285 4	0.147 4	0.216 4	0.054 9
资产报酬率	0.164 7	0.300 9	0.232 8	0.059 0
总资产净利润率	0.164 7	0.309 4	0.237 1	0.060 1
净资产收益率	0.385 3	0.242 3	0.313 8	0.079 6
营业收入现金比率	0.401 3	0.500 0	0.450 7	0.092 2
盈余现金保障倍数	0.598 7	0.500 0	0.549 4	0.112 4
资本保值增值率	0.310 4	0.307 9	0.309 2	0.058 6
净利润增长率	0.310 4	0.401 5	0.355 9	0.067 5
营业收入增长率	0.379 2	0.290 6	0.334 9	0.063 5

表8　　　　2008 年一季度评价指标的最终权重

评价指标	专家权重	客观权重	组合权重	最终权重
流动比率	0.149 7	0.286 2	0.217 9	0.042 4
速动比率	0.182 9	0.296 0	0.239 4	0.046 6
现金比率	0.317 0	0.221 0	0.269 0	0.052 3
资产负债率	0.350 3	0.196 9	0.273 6	0.053 2
应收账款周转率	0.385 1	0.242 8	0.313 9	0.049 5
存货周转率	0.285 3	0.124 5	0.204 9	0.032 3
流动资产周转率	0.173 0	0.316 4	0.244 7	0.038 6
总资产周转率	0.156 6	0.316 4	0.236 5	0.037 3
营业利润率	0.285 4	0.141 7	0.213 6	0.054 2

表8(续)

评价指标	专家权重	客观权重	组合权重	最终权重
资产报酬率	0.164 7	0.294 9	0.229 8	0.058 3
总资产净利润率	0.164 7	0.302 9	0.233 8	0.059 3
净资产收益率	0.385 3	0.260 5	0.322 9	0.081 9
营业收入现金比率	0.401 3	0.500 0	0.450 7	0.092 2
盈余现金保障倍数	0.598 7	0.500 0	0.549 4	0.112 4
资本保值增值率	0.310 4	0.225 2	0.267 8	0.050 8
净利润增长率	0.310 4	0.356 5	0.333 5	0.063 2
营业收入增长率	0.379 2	0.418 3	0.398 8	0.075 6

表9   2008 年二季度评价指标的最终权重

评价指标	专家权重	客观权重	组合权重	最终权重
流动比率	0.149 7	0.279 0	0.214 4	0.041 7
速动比率	0.182 9	0.286 2	0.234 5	0.045 6
现金比率	0.317 0	0.248 9	0.282 9	0.055 0
资产负债率	0.350 3	0.185 9	0.268 1	0.052 1
应收账款周转率	0.385 1	0.119 8	0.252 4	0.039 8
存货周转率	0.285 3	0.247 1	0.266 2	0.042 0
流动资产周转率	0.173 0	0.315 3	0.244 1	0.038 5
总资产周转率	0.156 6	0.317 8	0.237 2	0.037 4
营业利润率	0.285 4	0.117 8	0.201 6	0.051 1
资产报酬率	0.164 7	0.308 2	0.236 4	0.060 0
总资产净利润率	0.164 7	0.315 1	0.239 9	0.060 8
净资产收益率	0.385 3	0.258 9	0.322 1	0.081 7

表9（续）

评价指标	专家权重	客观权重	组合权重	最终权重
营业收入现金比率	0.401 3	0.500 0	0.450 7	0.092 2
盈余现金保障倍数	0.598 7	0.500 0	0.549 4	0.112 4
资本保值增值率	0.310 4	0.310 0	0.310 2	0.058 8
净利润增长率	0.310 4	0.321 3	0.315 9	0.059 9
营业收入增长率	0.379 2	0.368 6	0.373 9	0.070 9

表 10　　　2008 年三季度评价指标的最终权重

评价指标	专家权重	客观权重	组合权重	最终权重
流动比率	0.149 7	0.276 1	0.212 9	0.041 4
速动比率	0.182 9	0.291 3	0.237 1	0.046 1
现金比率	0.317 0	0.250 7	0.283 9	0.055 2
资产负债率	0.350 3	0.181 9	0.266 1	0.051 8
应收账款周转率	0.385 1	0.198 8	0.292 0	0.046 0
存货周转率	0.285 3	0.167 9	0.226 6	0.035 7
流动资产周转率	0.173 0	0.316 6	0.244 8	0.038 6
总资产周转率	0.156 6	0.316 6	0.236 6	0.037 3
营业利润率	0.285 4	0.138 6	0.212 0	0.053 8
资产报酬率	0.164 7	0.311 3	0.238 0	0.060 4
总资产净利润率	0.164 7	0.318 5	0.241 6	0.061 3
净资产收益率	0.385 3	0.231 6	0.308 5	0.078 2
营业收入现金比率	0.401 3	0.500 0	0.450 7	0.092 2
盈余现金保障倍数	0.598 7	0.500 0	0.549 4	0.112 4
资本保值增值率	0.310 4	0.309 8	0.310 1	0.058 8

表10（续）

评价指标	专家权重	客观权重	组合权重	最终权重
净利润增长率	0.310 4	0.305 3	0.307 9	0.058 4
营业收入增长率	0.379 2	0.384 9	0.382 0	0.072 4

表 11　　　　　2008 年四季度评价指标的最终权重

评价指标	专家权重	客观权重	组合权重	最终权重
流动比率	0.149 7	0.278 9	0.214 3	0.041 7
速动比率	0.182 9	0.286 8	0.234 9	0.045 7
现金比率	0.317 0	0.249 3	0.283 2	0.055 1
资产负债率	0.350 3	0.184 9	0.267 6	0.052 0
应收账款周转率	0.385 1	0.220 8	0.302 9	0.047 8
存货周转率	0.285 3	0.159 1	0.222 2	0.035 0
流动资产周转率	0.173 0	0.309 7	0.241 3	0.038 1
总资产周转率	0.156 6	0.310 4	0.233 5	0.036 8
营业利润率	0.285 4	0.132 4	0.208 9	0.053 0
资产报酬率	0.164 7	0.298 4	0.231 6	0.058 7
总资产净利润率	0.164 7	0.305 6	0.235 1	0.059 6
净资产收益率	0.385 3	0.263 6	0.324 4	0.082 3
营业收入现金比率	0.401 3	0.500 0	0.450 7	0.092 2
盈余现金保障倍数	0.598 7	0.500 0	0.549 4	0.112 4
资本保值增值率	0.310 4	0.416 0	0.363 2	0.068 9
净利润增长率	0.310 4	0.374 7	0.342 6	0.065 0
营业收入增长率	0.379 2	0.209 3	0.294 3	0.055 8

表 12　　　　2009 年一季度评价指标的最终权重

评价指标	专家权重	客观权重	组合权重	最终权重
流动比率	0.149 7	0.299 0	0.224 4	0.043 6
速动比率	0.182 9	0.302 5	0.242 7	0.047 2
现金比率	0.317 0	0.272 7	0.294 8	0.057 3
资产负债率	0.350 3	0.125 8	0.238 0	0.046 3
应收账款周转率	0.385 1	0.129 6	0.257 3	0.040 6
存货周转率	0.285 3	0.244 5	0.264 9	0.041 8
流动资产周转率	0.173 0	0.313 3	0.243 2	0.038 3
总资产周转率	0.156 6	0.312 6	0.234 6	0.037 0
营业利润率	0.285 4	0.177 6	0.231 5	0.058 7
资产报酬率	0.164 7	0.279 7	0.222 2	0.056 4
总资产净利润率	0.164 7	0.286 9	0.225 8	0.057 3
净资产收益率	0.385 3	0.255 8	0.320 6	0.081 3
营业收入现金比率	0.401 3	0.500 0	0.450 7	0.092 2
盈余现金保障倍数	0.598 7	0.500 0	0.549 4	0.112 4
资本保值增值率	0.310 4	0.219 4	0.264 9	0.050 2
净利润增长率	0.310 4	0.387 1	0.348 7	0.066 1
营业收入增长率	0.379 2	0.393 5	0.386 3	0.073 2

表 13　　　　2009 年二季度评价指标的最终权重

评价指标	专家权重	客观权重	组合权重	最终权重
流动比率	0.149 7	0.296 2	0.223 0	0.043 4
速动比率	0.182 9	0.299 8	0.241 4	0.046 9
现金比率	0.317 0	0.263 1	0.290 1	0.056 4

表13(续)

评价指标	专家权重	客观权重	组合权重	最终权重
资产负债率	0.350 3	0.140 8	0.245 6	0.047 8
应收账款周转率	0.385 1	0.168 7	0.276 9	0.043 7
存货周转率	0.285 3	0.210 0	0.247 6	0.039 1
流动资产周转率	0.173 0	0.311 0	0.242 0	0.038 2
总资产周转率	0.156 6	0.310 3	0.233 4	0.036 8
营业利润率	0.285 4	0.167 4	0.226 4	0.057 4
资产报酬率	0.164 7	0.286 0	0.225 4	0.057 2
总资产净利润率	0.164 7	0.292 5	0.228 6	0.058 0
净资产收益率	0.385 3	0.254 1	0.319 7	0.081 1
营业收入现金比率	0.401 3	0.500 0	0.450 7	0.092 2
盈余现金保障倍数	0.598 7	0.500 0	0.549 4	0.112 4
资本保值增值率	0.310 4	0.336 2	0.323 3	0.061 3
净利润增长率	0.310 4	0.358 4	0.334 4	0.063 4
营业收入增长率	0.379 2	0.305 3	0.342 3	0.064 9

表 14　　　　　2009 年三季度评价指标的最终权重

评价指标	专家权重	客观权重	组合权重	最终权重
流动比率	0.149 7	0.290 3	0.220 0	0.042 8
速动比率	0.182 9	0.294 7	0.238 8	0.046 4
现金比率	0.317 0	0.285 0	0.301 0	0.058 5
资产负债率	0.350 3	0.129 9	0.240 1	0.046 7
应收账款周转率	0.385 1	0.113 8	0.249 5	0.039 3
存货周转率	0.285 3	0.269 0	0.277 1	0.043 7

表14(续)

评价指标	专家权重	客观权重	组合权重	最终权重
流动资产周转率	0.173 0	0.309 5	0.241 3	0.038 0
总资产周转率	0.156 6	0.307 7	0.232 1	0.036 6
营业利润率	0.285 4	0.171 1	0.228 2	0.057 9
资产报酬率	0.164 7	0.292 9	0.228 8	0.058 0
总资产净利润率	0.164 7	0.297 9	0.231 3	0.058 7
净资产收益率	0.385 3	0.238 1	0.311 7	0.079 0
营业收入现金比率	0.401 3	0.500 0	0.450 7	0.092 2
盈余现金保障倍数	0.598 7	0.500 0	0.549 4	0.112 4
资本保值增值率	0.310 4	0.339 7	0.325 0	0.061 6
净利润增长率	0.310 4	0.218 1	0.264 3	0.050 1
营业收入增长率	0.379 2	0.442 2	0.410 7	0.077 9

3 各期财务指数的计算

表1   2007 年二季度财务指数

指标	2007 年 2 季度	2006 年 2 季度	个体指数	指标权重	综合财务指数构成	类别财务指数
流动比率	1.282 7	1.323 7	0.969 0	0.042 3	4.099 0	
速动比率	0.856 1	0.926 2	0.924 3	0.046 5	4.297 8	
现金比率	0.444 9	0.453 2	0.981 7	0.057 5	5.644 5	
资产负债率①	0.510 8	0.480 1	0.939 9	0.048 2	4.530 3	

① 在财务指数计算中,资产负债率通过取倒数来实现同向化,下同。

表1（续）

指标	2007 年 2 季度	2006 年 2 季度	个体指数	指标权重	综合财务 指数构成	类别财务 指数
小计				0. 194 5	18. 572 0	95. 486 1
应收账款周转率	29. 489 6	11. 742	2. 511 5	0. 043	10. 799 3	
存货周转率	6. 2	6. 194 3	1. 000 9	0. 039 7	3. 973 7	
流动资产周转率	1. 062 3	1. 045 5	1. 016 1	0. 038 1	3. 871 3	
总资产周转率	0. 431 9	0. 405 7	1. 064 6	0. 036 9	3. 928 4	
小计				0. 157 7	22. 572 8	143. 137 3
营业利润率	0. 233 3	0. 173 0	1. 348 4	0. 054 2	7. 308 1	
资产报酬率	0. 065 9	0. 050 8	1. 297 6	0. 058 3	7. 564 7	
总资产净利润率	0. 047 8	0. 035 4	1. 349 1	0. 059 3	7. 999 9	
净资产收益率	0. 107 1	0. 074 7	1. 434 7	0. 081 9	11. 750 0	
小计				0. 253 7	34. 622 7	136. 471 0
营业收入现金比率	0. 095 0	0. 160 7	0. 590 9	0. 092 2	5. 448 0	
盈余现金保障倍数	0. 812 1	2. 363 8	0. 343 6	0. 112 4	3. 861 6	
小计				0. 204 6	9. 309 5	45. 501 2
资本保值增值率	1. 322 3	1. 151 4	1. 148 4	0. 057 7	6. 626 4	
净利润增长率①	1. 859 3	1. 189 6	1. 563 0	0. 067 7	10. 581 3	
营业收入增长率②	1. 455 6	1. 227 6	1. 185 7	0. 064 2	7. 612 4	
小计				0. 189 6	24. 820 1	130. 907 5
合计				1	109. 897 1	109. 897 1

表2　　　　　　　**2007 年三季度财务指数**

指标	2007 年 3 季度	2006 年 3 季度	个体 指数	指标 权重	综合财务 指数构成	类别财务 指数
流动比率	1. 343 6	1. 367 3	0. 982 7	0. 042 1	4. 139 3	

① 在财务指数计算中，该指标调整为净利润的发展速度，其性质和经济意义不变，下同。

② 在财务指数计算中，该指标调整为营业收入的发展速度，其性质和经济意义不变，下同。

表2(续)

指标	2007年 3季度	2006年 3季度	个体 指数	指标 权重	综合财务 指数构成	类别财务 指数
速动比率	0.914 6	0.956 6	0.956 0	0.046 1	4.408 3	
现金比率	0.469 6	0.467 6	1.004 3	0.056 5	5.675 0	
资产负债率	0.511 4	0.483 3	0.945 1	0.049 7	4.791 6	
小计				0.194 5	18.924 2	97.301 3
应收账款周转率	45.722 1	23.376 7	1.955 9	0.040 6	7.936 0	
存货周转率	8.851 8	11.569 4	0.765 1	0.042 3	3.233 4	
流动资产周转率	1.642 1	1.524 8	1.076 9	0.038 1	4.100 9	
总资产周转率	0.641 7	0.591 8	1.084 3	0.036 8	3.988 9	
小计				0.157 7	19.259 1	122.124 7
营业利润率	0.229 3	0.175 9	1.303 8	0.053 8	7.020 6	
资产报酬率	0.097 3	0.076 7	1.269 1	0.058 9	7.480 6	
总资产净利润率	0.070 9	0.054 0	1.312 2	0.060 0	7.874 6	
净资产收益率	0.161 7	0.116 9	1.382 9	0.080 8	11.175 5	
小计				0.253 6	33.551 3	132.293 5
营业收入现金比率	0.083 8	0.144 0	0.582 1	0.092 2	5.367 4	
盈余现金保障倍数	0.630 0	1.350 2	0.466 6	0.112 4	5.244 5	
小计				0.204 6	10.611 9	51.866 5
资本保值增值率	1.436 0	0.961 8	1.493 0	0.058 6	8.751 9	
净利润增长率	1.847 5	1.315 6	1.404 4	0.056 4	7.916 0	
营业收入增长率	1.503 2	1.199 8	1.252 9	0.074 6	9.348 4	
小计				0.189 6	26.016 3	137.216 9
合计				1.000 0	108.362 7	108.362 7

表3　　　　　　　　2007年四季度财务指数

指标	2007年 4季度	2006年 4季度	个体 指数	指标 权重	综合财务 指数构成	类别财务 指数
流动比率	1.325 8	1.345 8	0.985 1	0.042 1	4.148 6	
速动比率	0.879 4	0.919 1	0.956 9	0.046 2	4.417 2	
现金比率	0.483 8	0.481 3	1.005 3	0.055 4	5.574 1	

表3（续）

指标	2007 年 4 季度	2006 年 4 季度	个体指数	指标权重	综合财务指数构成	类别财务指数
资产负债率	0.488 6	0.477 0	0.976 3	0.050 8	4.956 3	
小计				0.194 5	19.096 2	98.185 8
应收账款周转率	58.710 2	25.417 7	2.309 8	0.041 5	9.592 4	
存货周转率	12.312 1	15.456 7	0.796 6	0.043 1	3.429 3	
流动资产周转率	2.593 1	2.221 0	1.167 5	0.036 6	4.278 2	
总资产周转率	0.912 1	0.849 6	1.073 5	0.036 5	3.915 8	
小计				0.157 7	21.215 7	134.532 0
营业利润率	0.201 7	0.175 5	1.149 1	0.054 9	6.305 5	
资产报酬率	0.134 2	0.111 4	1.204 9	0.059 0	7.114 5	
总资产净利润率	0.096 5	0.078 3	1.232 4	0.060 1	7.409 1	
净资产收益率	0.214 8	0.162 5	1.321 7	0.079 6	10.517 1	
小计				0.253 6	31.346 2	123.598 7
营业收入现金比率	0.118 0	0.176 4	0.669 1	0.092 2	6.168 7	
盈余现金保障倍数	0.860 3	1.560 6	0.551 2	0.112 4	6.195 9	
小计				0.204 6	12.364 6	60.432 8
资本保值增值率	1.430 3	1.267 0	1.128 9	0.058 6	6.617 4	
净利润增长率	1.832 9	1.366 3	1.341 5	0.067 5	9.053 2	
营业收入增长率	1.424 3	1.323 8	1.076 0	0.063 5	6.832 1	
小计				0.189 6	22.502 7	118.685 1
合计				1.000 0	106.525 3	106.525 3

表 4　　　　　**2008 年一季度财务指数**

指标	2008 年 1 季度	2007 年 1 季度	个体指数	指标权重	综合财务指数构成	类别财务指数
流动比率	1.390 6	1.360 8	1.021 9	0.042 4	4.331 4	
速动比率	0.947 5	0.952 3	0.995 0	0.046 6	4.633 9	
现金比率	0.540 8	0.465 5	1.161 6	0.052 3	6.077 3	
资产负债率	0.507 7	0.490 0	0.965 1	0.053 2	5.135 8	
小计				0.194 5	20.178 4	103.750 1

表4（续）

指标	2008 年 1 季度	2007 年 1 季度	个体 指数	指标 权重	综合财务 指数构成	类别财务 指数
应收账款周转率	16. 426 8	12. 107 4	1. 356 8	0. 049 5	6. 717 2	
存货周转率	2. 840 6	2. 865 2	0. 991 4	0. 032 3	3. 203 3	
流动资产周转率	0. 490 6	0. 529 6	0. 926 4	0. 038 6	3. 574 8	
总资产周转率	0. 191 1	0. 207 6	0. 920 9	0. 037 3	3. 434 3	
小计				0. 157 7	16. 929 6	107. 352 9
营业利润率	0. 183 0	0. 198 7	0. 920 9	0. 054 2	4. 987 5	
资产报酬率	0. 029 5	0. 030 3	0. 973 6	0. 058 3	5. 674 2	
总资产净利润率	0. 021 6	0. 021 4	1. 010 5	0. 059 3	5. 991 2	
净资产收益率	0. 048 0	0. 045 1	1. 063 9	0. 081 9	8. 712 3	
小计				0. 253 6	25. 365 3	100. 015 9
营业收入现金比率	0. 057 3	0. 052 9	1. 084 7	0. 092 2	10. 001 2	
盈余现金保障倍数	0. 086 1	0. 316 7	0. 271 9	0. 112 4	3. 056 5	
小计				0. 204 6	13. 057 7	63. 820 7
资本保值增值率	1. 412 2	1. 284 8	1. 099 1	0. 050 8	5. 580 4	
净利润增长率	1. 426 0	1. 929 0	0. 739 2	0. 063 2	4. 673 7	
营业收入增长率	1. 365 4	1. 362 6	1. 002 1	0. 075 6	7. 576 5	
小计				0. 189 6	17. 830 5	94. 042 9
合计				1. 000 0	93. 361 5	93. 361 5

表 5 2008 年二季度财务指数

指标	2008 年 2 季度	2007 年 2 季度	个体 指数	指标 权重	综合财务 指数构成	类别财务 指数
流动比率	1. 424 1	1. 282 7	1. 110 2	0. 041 7	4. 629 2	
速动比率	0. 991 3	0. 856 1	1. 157 9	0. 045 6	5. 282 0	
现金比率	0. 575 3	0. 444 9	1. 293 1	0. 055 0	7. 115 8	
资产负债率	0. 502 1	0. 510 8	1. 017 3	0. 052 1	5. 305 1	
小计				0. 194 5	22. 332 1	114. 823 7
应收账款周转率	27. 259 0	29. 489 6	0. 924 4	0. 039 8	3. 679 8	
存货周转率	6. 156 8	6. 200 0	0. 993 0	0. 042 0	4. 168 8	

表5(续)

指标	2008年2季度	2007年2季度	个体指数	指标权重	综合财务指数构成	类别财务指数
流动资产周转率	1.040 1	1.062 3	0.979 1	0.038 5	3.769 7	
总资产周转率	0.410 1	0.431 9	0.949 6	0.037 4	3.552 4	
小计				0.157 7	15.170 7	96.199 7
营业利润率	0.203 2	0.233 3	0.870 9	0.051 1	4.452 8	
资产报酬率	0.065 7	0.065 9	0.997 2	0.060 0	5.979 0	
总资产净利润率	0.048 6	0.047 8	1.015 8	0.060 8	6.180 3	
净资产收益率	0.108 1	0.107 1	1.009 5	0.081 7	8.245 6	
小计				0.253 6	24.857 8	98.014 8
营业收入现金比率	0.127 4	0.095 0	1.341 2	0.092 2	12.366 0	
盈余现金保障倍数	0.753 6	0.812 1	0.927 9	0.112 4	10.429 7	
小计				0.204 6	22.795 8	111.416 4
资本保值增值率	1.401 2	1.322 3	1.059 6	0.058 8	6.232 4	
净利润增长率	14 396	1.859 3	0.774 3	0.059 9	4.637 0	
营业收入增长率	1.384 7	1.455 6	0.951 3	0.070 9	6.744 1	
小计				0.189 6	17.613 5	92.898 3
合计				1.000 0	102.769 9	102.769 9

表6　　　　　2008年三季度财务指数

指标	2008年3季度	2007年3季度	个体指数	指标权重	综合财务指数构成	类别财务指数
流动比率	1.443 9	1.343 6	1.074 7	0.041 4	4.450 2	
速动比率	1.004 3	0.914 6	1.098 1	0.046 1	5.063 9	
现金比率	0.554 0	0.469 6	1.179 7	0.055 2	6.513 4	
资产负债率	0.499 7	0.511 4	1.023 3	0.051 8	5.296 2	
小计				0.194 5	21.323 7	109.638 7
应收账款周转率	39.178 3	45.722 1	0.856 9	0.046 0	3.945 4	
存货周转率	9.856 7	8.851 8	1.113 5	0.035 7	3.978 9	
流动资产周转率	1.516 8	1.642 1	0.923 7	0.038 6	3.566 1	
总资产周转率	0.578 2	0.641 7	0.901 0	0.037 3	3.362 1	

表6（续）

指标	2008年3季度	2007年3季度	个体指数	指标权重	综合财务指数构成	类别财务指数
小计				0.157 7	14.852 6	94.182 4
营业利润率	0.188 6	0.229 3	0.822 5	0.053 8	4.422 5	
资产报酬率	0.087 9	0.097 3	0.903 8	0.060 4	5.454 6	
总资产净利润率	0.064 1	0.070 9	0.903 9	0.061 3	5.537 8	
净资产收益率	0.136 0	0.161 7	0.841 0	0.078 2	6.579 3	
小计				0.253 6	21.994 2	86.723 4
营业收入现金比率	0.139 9	0.083 8	1.668 7	0.092 2	15.385 1	
盈余现金保障倍数	1.216 8	0.630 0	1.931 5	0.112 4	21.709 7	
小计				0.204 6	37.094 8	181.304 2
资本保值增值率	1.315 2	1.436 0	0.915 8	0.058 8	5.384 8	
净利润增长率	1.358 3	1.847 5	0.735 2	0.058 4	4.291 3	
营业收入增长率	1.368 0	1.503 2	0.910 1	0.072 4	6.591 8	
小计				0.189 6	16.267 9	85.801 3
合计				1.000 0	111.533 1	111.533 1

表7　　　　　　　　　2008年四季度财务指数

指标	2008年4季度	2007年4季度	个体指数	指标权重	综合财务指数构成	类别财务指数
流动比率	1.362 1	1.325 8	1.027 4	0.041 7	4.282 7	
速动比率	0.914 1	0.879 4	1.039 4	0.045 7	4.748 4	
现金比率	0.514 2	0.483 8	1.062 8	0.055 1	5.853 5	
资产负债率	0.500 4	0.488 6	0.976 5	0.052 0	5.082 0	
小计				0.194 5	19.966 7	102.661 5
应收账款周转率	62.950 1	58.710 2	1.072 2	0.047 8	5.122 5	
存货周转率	13.514 8	12.312 1	1.097 7	0.035 0	3.846 2	
流动资产周转率	2.254 0	2.593 1	0.869 2	0.038 1	3.308 4	
总资产周转率	0.783 9	0.912 1	0.859 4	0.036 8	3.165 0	
小计				0.157 7	15.442 0	97.920 0
营业利润率	0.169 2	0.201 7	0.839 3	0.053 0	4.446 7	

表7(续)

指标	2008 年 4 季度	2007 年 4 季度	个体 指数	指标 权重	综合财务 指数构成	类别财务 指数
资产报酬率	0.101 7	0.134 2	0.757 9	0.058 7	4.450 4	
总资产净利润率	0.075 3	0.096 5	0.780 0	0.059 6	4.650 9	
净资产收益率	0.161 5	0.214 8	0.752 0	0.082 3	6.187 3	
小计				0.253 6	19.735 3	77.816 8
营业收入现金比率	0.167 2	0.118 0	1.416 9	0.092 2	13.063 7	
盈余现金保障倍数	2.202 9	0.860 3	2.560 6	0.112 4	28.781 6	
小计				0.204 6	41.845 3	204.522 4
资本保值增值率	1.249 5	1.430 3	0.873 6	0.068 9	6.015 5	
净利润增长率	1.000 1	1.832 9	0.545 7	0.065 0	3.544 1	
营业收入增长率	1.244 7	1.424 3	0.873 9	0.055 8	4.875 4	
小计				0.189 6	14.435 0	76.134 1
合计				1.000 0	111.424 3	111.424 3

表 8　　　　　　　　**2009 年一季度财务指数**

指标	2009 年 1 季度	2008 年 1 季度	个体 指数	指标 权重	综合财务 指数构成	类别财务 指数
流动比率	1.481 6	1.390 6	1.065 4	0.043 6	4.649 1	
速动比率	1.019 4	0.947 5	1.075 8	0.047 2	5.078 8	
现金比率	0.579 0	0.540 8	1.070 6	0.057 3	6.139 9	
资产负债率	0.510 7	0.507 7	0.993 9	0.046 3	4.601 7	
小计				0.194 5	20.469 4	105.246 6
应收账款周转率	15.164 0	16.426 8	0.923 1	0.040 6	3.746 2	
存货周转率	2.860 7	2.840 6	1.007 1	0.041 8	4.207 1	
流动资产周转率	0.401 1	0.490 6	0.817 5	0.038 3	3.134 8	
总资产周转率	0.152 8	0.191 1	0.799 2	0.037 0	2.956 6	
小计				0.157 7	14.044 7	89.059 6
营业利润率	0.156 1	0.183 0	0.853 1	0.058 7	5.008 8	
资产报酬率	0.019 1	0.029 5	0.646 9	0.056 4	3.645 2	
总资产净利润率	0.013 2	0.021 6	0.613 2	0.057 3	3.511 3	

表8(续)

指标	2009 年 1 季度	2008 年 1 季度	个体指数	指标权重	综合财务指数构成	类别财务指数
净资产收益率	0.026 3	0.048 0	0.548 1	0.081 3	4.455 8	
小计				0.253 6	16.621 2	65.537 7
营业收入现金比率	0.179 7	0.057 3	3.133 2	0.092 2	28.887 7	
盈余现金保障倍数	1.831 2	0.086 1	21.260 5	0.112 4	238.968 5	
小计				0.204 6	267.856 1	309.169 8
资本保值增值率	1.212 8	1.412 2	0.858 8	0.050 2	4.313 9	
净利润增长率	0.934 5	1.426 0	0.655 3	0.066 1	4.333 0	
营业收入增长率	1.038 8	1.365 4	0.760 8	0.073 2	20.822 3	
小计				0.189 6	14.219 7	74.998 5
合计				1.000 0	333.211 2	333.211 2

表9 　　　　　　2009 年二季度财务指数

指标	2009 年 2 季度	2008 年 2 季度	个体指数	指标权重	综合财务指数构成	类别财务指数
流动比率	1.399 0	1.424 1	0.982 3	0.041 7	4.095 9	
速动比率	0.944 2	0.991 3	0.952 5	0.045 6	4.345 3	
现金比率	0.506 0	0.575 3	0.879 6	0.055 0	4.840 4	
资产负债率	0.522 7	0.502 1	0.960 5	0.052 1	5.008 7	
小计				0.194 5	18.290 2	94.041 8
应收账款周转率	29.971 1	27.259 0	1.099 5	0.039 8	4.377 0	
存货周转率	5.357 8	6.156 8	0.870 2	0.042 0	3.653 3	
流动资产周转率	0.847 9	1.040 1	0.815 2	0.038 5	3.138 7	
总资产周转率	0.330 5	0.410 1	0.805 9	0.037 4	3.014 7	
小计				0.157 7	14.183 6	89.940 7
营业利润率	0.159 3	0.203 2	0.784 1	0.051 1	4.009 2	
资产报酬率	0.040 5	0.065 7	0.615 7	0.060 0	3.691 9	
总资产净利润率	0.028 9	0.048 6	0.595 3	0.060 8	3.621 9	
净资产收益率	0.064 9	0.108 1	0.600 0	0.081 7	4.900 3	
小计				0.253 6	16.223 3	63.968 7

表9（续）

指标	2009 年 2 季度	2008 年 2 季度	个体 指数	指标 权重	综合财务 指数构成	类别财务 指数
营业收入现金比率	0.243 4	0.127 4	1.910 5	0.092 2	17.614 4	
盈余现金保障倍数	3.129 2	0.753 6	4.152 6	0.112 4	46.674 9	
小计				0.204 6	64.289 4	314.219 7
资本保值增值率	1.168 0	1.401 2	0.833 6	0.058 8	4.903 1	
净利润增长率	0.954 5	1.439 6	0.663 1	0.059 9	3.970 9	
营业收入增长率	1.044 6	1.384 7	0.754 4	0.070 9	5.348 2	
小计				0.189 6	14.222 2	75.011 5
合计				1.000 0	127.208 7	127.208 7

表 10　　　　　　　　2009 年三季度财务指数

指标	2009 年 3 季度	2008 年 3 季度	个体 指数	指标 权重	综合财务 指数构成	类别财务 指数
流动比率	1.528 0	1.443 9	1.058 2	0.041 4	4.382 0	
速动比率	1.062 3	1.004 3	1.057 7	0.046 1	4.877 5	
现金比率	0.561 2	0.554 0	1.012 9	0.055 2	5.592 5	
资产负债率	0.521 4	0.499 7	0.958 3	0.051 8	4.959 7	
小计				0.194 5	19.811 8	101.865 0
应收账款周转率	40.554 3	39.178 3	1.035 1	0.046 0	4.766 1	
存货周转率	7.523 8	9.856 7	0.763 3	0.035 7	2.727 5	
流动资产周转率	1.264 0	1.516 8	0.833 4	0.038 6	3.217 5	
总资产周转率	0.505 9	0.578 2	0.874 9	0.037 3	3.264 9	
小计				0.157 7	13.976 0	88.624 2
营业利润率	0.170 9	0.188 6	0.905 8	0.053 8	4.870 1	
资产报酬率	0.071 5	0.087 9	0.812 9	0.060 4	4.905 8	
总资产净利润率	0.052 7	0.064 1	0.822 4	0.061 3	5.038 4	
净资产收益率	0.117 2	0.136 0	0.861 9	0.078 2	6.742 8	
小计				0.253 6	21.557 1	85.000 2
营业收入现金比率	0.210 0	0.139 9	1.501 3	0.092 2	13.841 8	
盈余现金保障倍数	2.415 8	1.216 8	1.985 3	0.112 4	22.315 1	

表10(续)

指标	2009 年 3 季度	2008 年 3 季度	个体 指数	指标 权重	综合财务 指数构成	类别财务 指数
小计				0. 204 6	36. 156 9	176. 720 0
资本保值增值率	1. 197 0	1. 315 2	0. 910 1	0. 058 8	5. 351 2	
净利润增长率	1. 088 2	1. 358 3	0. 801 1	0. 058 4	4. 676 3	
营业收入增长率	1. 080 0	1. 368 0	0. 789 5	0. 072 4	5. 718 6	
小计				0. 189 6	15. 746 1	83. 049 0
合计				1. 000 0	107. 247 9	107. 247 9

后　记

从宏观的角度、以动态指数的形式，对财务经济运行过程进行监测与景气识别，这是我的导师赵德武教授早在 1995 年即已提出的一个论题。导师在 2000 年发表的《我国宏观财务经济监测与预警问题研究》一文中，对这一论题的基本原理、构建思路、研究意义等方面进行了深入分析。经过多年的思考与准备，特别是由于数据可获得性条件的具备，这一论题朝着动态监测上市公司整体财务状况的思路演进，导师首次提出了"上市公司财务指数"这一极具创新意义的核心概念由思考变为实践。

2005 年，我有幸师从赵老师，接触到这一论题，随即产生了浓厚的兴趣，更庆幸的是恩师将这一研究重任交予了我。上市公司财务指数，是导师高屋建瓴地将宏观经济研究理论应用于微观财务分析领域，是财务分析方法与统计指数方法的深度融合。基于我的专业背景知识，得到这样一个多学科交叉应用且又具实践性的论题，内心极其振奋与雀跃，也深恐自己有负恩师的深厚寄望。

上市公司财务指数是一个信息高度浓缩的指数系统，一方面它是对上市公司整体财务状态的综合反映，另一方面它又是对财务状态的动态走势刻画，是一个包含不同时间、不同指标、不同公司的三维信息系统。整篇论文的研究，是一个抽丝剥茧的过程，复杂且系统。导师对该论题大量的工作论文，为上市公司财务指数的研究奠定了基本框架内容，在这些理论的指引下，本书初步完成了我国上市公司财务指数的实际编制工作。

上市公司财务指数不仅是一个崭新的命题，更是一个值得长期探索实践的领域。本书基于现成的财务指标，编制的的财务指数可以看成是"基本财务指数"，而"特定财务行为指数"将更具挑战性，我也将会跟随导师团队参与这项富有挑战性的研究工作。

2014 年 11 月于光华楼

致　谢

　　五年的博士学习生涯，个中细节还历历在目。忆起入学时的诚惶诚恐，忆起对师兄师姐答辩时的崇拜与羡慕，忆起这几年来始终紧张与焦虑的心情，忆起清冷的冬季寂寥的键盘声，终于有了手上这一沓纸稿。然而此刻，内心只有对所有关心我、支持我的师长、家人与亲友的浓浓感恩之情。

　　有幸能够师从我深深敬爱的导师赵德武教授，从对学术研究的懵懵懂懂到有了研究的感觉，这一路上无不渗透着恩师的点滴指导，从他那里我吸收了全新的思想观念与思考方式，以及做学问与做人的甚多道理。透过密密麻麻的文字，忆起的是恩师课堂上的孜孜教诲、讨论时的高屋建瓴与思维启发，导师渊博的学识与儒雅的风范对我影响终生。更庆幸的是，恩师将这一极具创新意义的论题交予了我，整篇论文从前期的构思、理论铺垫，研究思路形成，到提纲拟定、内容写作与修改，导师都给予了细致的指导与关键性的点拨，感激之情难以言表，只有在日后更加努力地工作学习，以回报老师的培养之恩。此外，更要由衷地感谢师母陈英慧女士。在生活中，师母给予了我及爱人方林无限的关怀与帮助，与师母的每次交谈总有如沐春风般的温暖与亲切，至诚感激，难以言语。

感谢彭韶兵教授在百忙之中对论文的大量评阅工作，他的悉心指导使我获益匪浅。感谢周守华教授、史代敏教授、杨丹教授和马永强教授在课题讨论时给予的思维启发与指导，为本书的完成奠定了坚实的基础。感谢毛洪涛教授在论文写作过程中给予的关心、指导与支持。感谢论文预答辩指导老师樊行健教授、冯建教授、罗宏教授，论文的顺利完成离不开他们的宝贵意见。感谢吉利博士对论文理论部分的修改建议。

感谢郭建军博士，谢谢他无私地将办公室借予我写作；感谢谢小燕教授、夏怡凡博士在统计方法上的启示与支持；感谢杨作廪教授对我的工作、学习以及生活一贯的关怀与帮助；感谢统计学院的每一位老师，长期以来对我的关心与帮助，在此向各位老师表达深深的谢意。

感谢师门的各位同学，他们的深深情意不仅帮助与温暖了我，也给予了我继续奋进的信心。感谢师兄马永强教授，每一次的讨论都从他那里获取到崭新的启示，师兄的学术造诣一直是我所敬佩的。感谢师姐唐国琼教授和王雪博士，她们对论文的建议与对我生活的关心，让我倍感温馨。感谢王丹舟博士、郭丹博士，共同的学习生活是我最珍惜的片段。感谢师妹许娟，她的硕士论文为本研究提供了许多有益的启示。感谢师弟沈丁丁博士和薛韬博士，谢谢他们对问卷发放与回收的辛勤付出。

最后更要深深地感谢我的家人，他们给予了我最无私的关爱与支持。在此，仅以这本书送给儿子方恺阳，希望他能成长为一个有用之才。

这本书的完成还凝聚着很多人的关怀，他们对我的论文写作与我个人的成长都给予了无私的帮助与支持，在此难以一一致谢，谨期望能以这本书答谢他们。

黎春
2014 年 11 月于光华楼